「アベノミクス」の正体

政治の手段に貶められた日本経済

相沢幸悦
Aizawa Koetsu

日本経済評論社

はじめに

2016年というのは世界史に残る年となった。6月23日のイギリスにおける国民投票で欧州連合（EU）からの離脱決定、11月8日のアメリカ大統領選挙での予想外のドナルド・トランプ氏当選がそれである。

この二大イベントは、1990年代初頭の米ソ冷戦体制の崩壊以降、急激に進展してきた現代グローバリゼーションの大規模な揺り戻しによるものである。

それは、欧米諸国への移民・難民の大量流入、および大資本・金融資本の世界的な収益機会の追求によって、貧富の格差が急激に拡大してきた結果であるとともに、移民・難民の排斥や自国第一主義の声が、急激に各国で高まってきたことによるものである。

わが日本はといえば。

2016年7月10日に投開票された参議院議員選挙でも、先立つ三度の国政選挙ほどではないものの自由民主党が勝利をおさめた。それでも、直後に入党した1名の議員を含めると、自民党は、ひさびさに参議院で単独過半数を確保することができた。

安倍晋三首相は、再登板した２０１２年12月の総選挙で圧勝して以来、13年7月の参議院選挙、14年12月の総選挙と圧勝してきたが、国政選挙でなんと四連勝という「快挙」を成し遂げた。

かくして、ついに、「憲法」改正に前向きといわれる勢力が、衆参両院で改正発議に必要な三分の二以上の議席を確保した。日本は、安倍晋三という政治家の「悲願」である「憲法」改正（正確には改悪）の実現に、ついにその第一歩を踏み出すことになった。

「日本国憲法」が戦後70年にわたり改正されなかったのは、ひとつは、多くの日本国民に平和国家として生きるという確固たる信念があり、改正の必要を認めなかったこと、もうひとつは、改憲勢力が衆参両院で三分の二以上の議席を占められなかったからである。

事態が一変したのは、「憲法」改正（改悪）を「悲願」とする安倍晋三氏が、二度目の自民党総裁に選出された２０１２年９月のことである。当時の（旧）民主党政権の体たらくもあって、衆議院が解散されれば、自民党が政権に復帰することは明らかであった。

予想どおり衆議院選挙で大勝したが、この勢いは、なんと２０１６年7月の参議院選挙まで持続し、大勝利の立役者・安倍晋三氏は、向かうところ敵なしである。「安倍一強時代」の到来とまでいわれている。

なにゆえ国政選挙で四連勝できたのか？

それは安倍氏が、日本経済というものを政治的野望の実現のための「手段」に貶めることに成功したからである。現下の日本における事態の本質は、ただこの一点にある。

安倍氏の政治的野望というのは、「日本国憲法」改正（改悪）により、日本の軍隊（自衛隊ではない）が、「世界平和」のために世界中で率先して軍事活動ができるようになること、侵略戦争を謝罪し続けてきた「戦後レジーム」を大転換することにほかならない。

世界から尊敬される日本国というものを構築するための絶対的な前提条件は、国政選挙で連勝し続けることである。だが、これまでは、その実現は絶望的であった。改憲勢力が衆参両院で同時に三分の二以上の議席を占めるなど不可能だったからである。

この困難な野望実現に「挑戦」したのが安倍氏そのひとであった。

さいわいにも当時、安倍氏には、幸運の女神（厄病神かもしれないが）が微笑んでいた。4年あまりの旧民主党政権が、そのお膳立てをしてくれたからである。超円高・デフレ不況、同政権に対するアメリカの反感などがそれである。

たんに超円高・デフレ不況を終息させるだけであれば、さほど難しいことではない。

深刻な副作用と日本経済の悲惨な末路をとりあえず捨象すれば、日本銀行が前代未聞の金融緩和をすることで実現するからである。円安誘導を断行するということであるが、安倍氏に期待するアメリカが容認するのは明らかだった。

円安誘導ができれば、輸出企業の収益増は明白なので株価が高騰し、安倍内閣の支持率ははね上がる。したがって、安倍政権は、自民党のおはこである旧態依然たる公共投資などの景気対策をとるだけで十分であった。

これを安倍氏は、みずから「アベノミクス」と呼んで、なにか新しい経済政策のように宣伝してきた。だが、その本質というのは、事実上は日銀の非常識な金融政策だけなので、この用語法は本書では、安倍氏などがみずから言う以外にはあまり使用しない。

安倍氏は、それまでの超円高・デフレ不況が諸悪の根源と批判し続けてきたが、日本経済と金融市場・金融システムはデフレ下で安定していた。安倍氏が超円高・デフレは、旧民主党政権の無策のせいだと大宣伝し、それに日本国民が振り回されてきただけのことである。

安倍政権が登場してから円安と株高に転換したが、それは、2013年4月から開始された日本銀行の非常識な量的・質的金融緩和（異次元緩和）で実現した。

異次元緩和のおかげもあって円安が進行し、消費者物価もプラスに転換した。もちろん、日本は、貿易赤字に転換し円安の大前提が整っていただけのことであるが。そして、じきに異次元緩和を終了しなければならなかった。「劇薬」で副作用が強すぎるからである。

ところが、である。インフレ目標2％はなかなか実現しない。

2016年2月には、マイナス金利政策というさらに強い「劇薬」を投入した。これを日銀は、マイナス金利付き量的・質的金融緩和と呼んでいる。

だが、金融をさらに緩和したにもかかわらず、中国経済の不調など国際情勢の変化もあり、かえって円高・株安に転換した。そこで、日銀は、2016年9月21日の金融政策決定会合で、異次元緩和についての総括的検証をおこなった。

ここで、マイナス金利付き量的・質的金融緩和の破綻を認めることはなかった。２％の物価目標を実現できなかったのは、原油価格の暴落、消費増税による消費の減退、新興国経済の低迷など、外生的要因によるものだから、である。

そこで、それまでの量重視から金利重視に転換することになった。日銀が、長短金利操作付き量的・質的金融緩和と呼ぶものがそれである。なんと、中央銀行が操作できないといわれてきた長期金利をコントロールするという。金利操作ではデフレを克服できないとして、量的・質的金融緩和に移行したはずなのに。

これこそ、まさにマーケットの「国家統制」である。安倍政権は、日銀がマーケットに土足で踏み込むことまで「強制」しているといわざるをえない。しかも、期限を区切らず、２％の物価安定目標を実現するまで、この緩和を続けるという。

なぜ、こんなことになったのか。

安倍氏は、円安誘導で輸出企業に儲けさせ、その利益を賃上げ（や設備投資）に振り向けさせて「トリクルダウン」（企業の儲けのおこぼれがひとびとに滴り落ちる）が実現すれば、強い経済を構築できると主張してきた。だが、大企業は、儲けを懐に入れるだけである。

そこで、安倍氏は、企業が３７８兆円（２０１５年度）ともいわれる内部留保を賃上げ・設備投資に振り向けず、また異次元緩和も先がみえてきたので、みずから28兆円（実際は３兆円程度）もの景気対策を実行した。景気が後退すると内閣支持率が低下するからである。さいわい必要資金は、「傘下」の日銀からいくらでもゼロ（ばあいによってはマイナス）・コストで手に入れることができる。

だが、「麻薬」と同じようなこの「劇薬」が過剰投与されると、日銀の発行する日銀券の価値が地に落ちる。すなわちインフレが高進する。インフレが高進すると預貯金が無価値になり、額面が物価に連動しない国債は紙屑になり、企業の債務もほぼゼロになる。

インフレが高進しても、企業の内部留保は物価連動債を除く国債や庶民の預貯金のように紙屑にはならない。内部留保は、そのほとんどは現預金ではなく、インフレに強い株式や外国の金融商品や不動産に投資されているはずだからである。

安倍政権は、円安誘導と株高で大企業にしこたま儲けさせるばかりか、法人税減税で、濡れ手で粟の儲けなのに税金をあまりとらない。

２０１６年に入ると中国経済の変調などで１ドル１００円前後までの円高になり、企業の収益が悪化するとともに、２％のインフレ目標達成が不可能になった。だが、トランプ氏の米大統領当選により、円安が進み、安倍政権も黒田日銀もしばしホッとしたはずである。

他方で安倍政権は、しっかりと大衆課税をおこなっている。消費税率８％への引き上げで増税した。消費が伸びないのは、消費者の反乱であり、抵抗である。

１０６６兆４２３４億円（２０１６年12月末）という天文学的政府債務を有する日本では、結局は、インフレが高進し、預貯金者から巨額の債務を抱える政府（や企業）に所得移転がおこなわれる。その結果、「健全財政」が実現するが、甚大な被害を受けるのは、善良な庶民にほかならない。

そこで、本書では、安倍経済政策の本質を明らかにし、その末路を提示する。

本書の出版にあたり日本経済評論社出版部の鴇田祐一氏、吉田桃子氏には大変お世話になった。記して深く感謝の意を表する次第である。

2017年2月

自由・平等で住みよい平和な日本をめざして

相沢幸悦

目 次

はじめに iii

序 章 安倍経済政策の副作用と弊害 …… 1

1 政治の手段と化した経済 1
（1）異次元緩和の第一弾 1
（2）異次元緩和の第二弾 4
2 安倍経済政策の「成功」 10
（1）世界的な景気減速へ 10
（2）運も実力のうち？ 14
（3）「アベノミクス」とは噴飯もの 21
3 安倍経済政策のリスク 24

（1）財政ファイナンス　24
（2）安倍政権長期化のリスク　38

第1章　安倍経済政策の反国民的性格……41

1　安倍氏の政権復帰　41
（1）すべては政権復帰から　41
（2）円安転換と成長戦略の欠如　43
2　安倍経済政策の第一弾　50
（1）旧「アベノミクス」　50
（2）被害を受ける庶民　55
3　安倍経済政策の第二弾　59
（1）集団的自衛権行使の容認　59
（2）「アベノミクス」の第二ステージ　63
4　政治の「手段」としての経済　66

（1）英雄待望論の台頭か　66
（2）いいかげんな選挙対策　68

第2章　アジアから排除されるか、日本……73

1　日本包囲網と戦後70年談話　73
（1）進む日本包囲網　73
（2）戦後70年談話　75
2　中国の軍事的・経済的戦略　80
（1）軍事力の強化　80
（2）経済的地位の向上　82
3　従軍慰安婦問題　86
（1）従軍慰安婦問題の決着　86
（2）日韓での異論　87
4　アジアの日本　88

（1）アジアの一国としての日本　88
（2）アジアで協調する日本へ　89

第3章　神の「見えざる手」への挑戦……91

1　資本主義の特徴　91
（1）資本主義とはなにか　91
（2）市場経済の非人間性　92
2　政府の企業経営への介入　94
（1）賃上げ要請する安倍政権　94
（2）安倍政権の料金設定への介入　98
3　政府による介入の弊害　99
（1）内部留保への課税論　99
（2）スミス・ケインズが泣いている　101
（3）政府の経済運営への口出しは禁じ手　104

4 市場メカニズムの発揮 107
（1）国民の英知の結集 107
（2）金利を引き上げよ！ 109

第4章 年金資金を危険にさらす運用……113

1 年金資金の株式運用 113
（1）リスク資産運用 113
（2）共済年金も株式投資を拡大 117
2 公的資金による株価引き上げ 118
（1）株価の引き上げ 118
（2）リスク資産投資へののめり込み 122
3 年金資産運用のあり方 124
（1）政権に利用される年金資金 124
（2）虎の子の年金資金をどう運用するか 125

第5章　政府の軍門に下った日本銀行……127

1　支離滅裂の金融政策　127

（1）挫折したインフレ目標達成　127

（2）異次元緩和の追加緩和　129

2　「憲法違反」のインフレ目標　131

（1）インフレ目標先送りの屁理屈　131

（2）再度の消費増税延期　132

（3）インフレ目標は「憲法」違反　133

3　異次元緩和の悲惨な結末　136

（1）究極の非伝統的金融政策　136

（2）異次元緩和の悲惨な顛末　140

第6章　財政大破綻とインフレの高進……149

1　オリンピック「恐慌」へ　149

（1）オリンピックという第四の矢 149
（2）お粗末な計画 151
（3）オリンピック恐慌へ 153
2 公共投資と軍備増強 155
（1）公共投資しかやらない安倍政権 155
（2）防衛・外交費の増加 157
3 日米欧の財政状況 158
（1）財政健全化にむかう欧米諸国 158
（2）絶望的な日本の財政赤字 159
4 財政破綻とインフレ 165
（1）財政ファイナンス 165
（2）インフレの高進 168

第7章　日本経済の破局と定常型社会……171
1　日本経済の破局　171
（1）平成大不況の最終局面　171
（2）大不況から「恐慌」へ　174
（3）財政危機が財政危機を「克服」？　178
2　定常型社会へ　181
（1）停止状態と定常状態　181
（2）生産と分配　184
3　成長経済の限界　185
（1）成長の経済学の止揚　185
（2）人間は地球の「間借り人」　186

あとがき　189

序章　安倍経済政策の副作用と弊害

1　政治の手段と化した経済

(1) 異次元緩和の第一弾

円高と株安への転換

日経平均株価は、2016年1月4日の大発会から12日まで6日連続して下落した。これは、2012年12月に再登場した第二次安倍晋三政権が鳴り物入りでぶち上げた経済政策（みずから「アベノミクス」と呼ぶ）のみじめな破綻を象徴する出来事であった。

年明けから6営業日連続の下落は、戦後1949年5月に東京証券取引所が再開され、50年に日経平均株価が算出されて以降で最長であった。

「アベノミクス」の破綻を取り繕うために、安倍政権の「支配」下にある日本銀行（日銀）が動いた。2016年2月から始まったマイナス金利政策がそれであるが、銀行が日銀に保有する当座預金の一部にマイナス０・１％の金利を付すというものである。

日銀は、銀行が日銀に保有する当座預金量を大規模に増やす量的・質的金融緩和という異次元緩和に、マイナス金利政策を付け加えたのであるが、この「金融政策」はみじめな失敗に終わった。

とうぜんのごとく、銀行や企業の収益が悪化し、預金金利がマイナスになると誤解したひとびとの消費がさらに減退して株価が下落するとともに、金融緩和をおこなったはずなのに、中国経済の変調などにより、それまでの円安から円高に転換したからである。

円高に転換したのは、アメリカでの慎重な金利引き上げや欧州中央銀行（ＥＣＢ）のマイナス金利などのほか、アメリカ政府がそれまでの円安容認から、円安誘導を許さないという政策に大転換したからである。

マイナス金利付き量的・質的金融緩和というのは、「三次元緩和」といわれているが、この破綻を事実上認めたのが、２０１６年9月21日の金融政策決定会合で打ち出された長短金利操作付き量的・質的金融緩和の導入である。

というのは、これは、マイナス金利と国債の大量購入を組み合わせて金利を低下させるという政策であり、それまでの銀行が日銀に保有する当座預金量を増やすという量的緩和（ＱＥ）からの転換だからである。

中央銀行の伝統的な金融政策である金利政策（もちろん、マイナス金利政策は非伝統的金融政策）に回帰したので、量的緩和政策の失敗を事実上認めたといってもいいだろう。

機能した「劇薬」

安倍政権は、小泉純一郎政権以来、ひさびさの長期政権である。２０１６年７月の参議院選挙でも勝利したことで、自民党総裁の任期が延長され、20年の東京オリンピック（五輪）・パラリンピックの開会式で挨拶するまで総理大臣を続けるだろうといわれている。

たしかに、かつて政権を投げ出したものの、安倍氏が「奇跡」の復活を遂げたことで、超円高・デフレ不況から脱却できたかにみえる。だが、それは、安倍氏が、日銀を「支配」下において、量的・質的金融緩和（異次元緩和）という副作用のきつい「劇薬」を服用した帰結にすぎない。

安倍氏の復活と前後してただちに「劇薬」は効力を発揮した。だが、じきに輸入食料品価格の上昇、国債市場の機能不全など深刻な副作用があらわれてきた。ほんらいであれば、伝統的な金融政策に戻す必要があった。

ところが、安倍氏は、悲願である「憲法」改正（正確には改悪）による「戦後レジーム」からの脱却という、みずからの政治的野望の実現のために、経済・景気対策をあくまでも「手段」としてしかみていないところに、日本の悲劇がある。

野望実現のためなので、安倍氏は、副作用などものともせずに、２％のインフレ目標（政府は物価安定目標と呼ぶ）の達成とデフレ脱却（消費者物価が恒常的に２％前後でマイナスにならない状態）のために、日銀にあらゆる金融政策の実行を迫り続けてきた。国政選挙三連勝の勢いをかって、２０１６年７月の参議院選挙でも勝利するために。

それが、資本主義否定のマイナス金利政策というさらなる「劇薬」である。

こうして、なんとか日経平均1万6000円前後の高株価を維持できたので、2016年7月の参議院選挙でも勝利した。日経平均は、安倍政権での最高値の2万円あまりから下落しているとはいえ、旧民主党政権の安値8500円あまりのほぼ倍を維持していたからである。

それでも、せっかく衆参両院で「憲法」改正（改悪）に必要な三分の二以上の議席を確保したのに、個人消費が伸びずに景気が低迷し、株価が下落すれば、安倍政権の内閣支持率は暴落する。そうすれば、「憲法」改正の発議どころか、内閣総辞職を迫られてしまう。

（2）異次元緩和の第二弾

国家による「賃上げ・投資」の代行

安倍氏は、「トリクルダウン」という非現実的な考え方を信じていたようである。それは、次のような理屈による。

2％のインフレ目標を達成すべく、日銀が異次元緩和をおこなえば、円安に転換する。そうすれば、ろうせずして輸出企業に為替差益が転がり込んでくるので、株価が上昇する。株式投資家にキャピタルゲインが発生し、消費が拡大する。

企業収益が増加するので、企業は積極的に設備投資をおこなうとともに、賃金を引き上げるので、景気が拡大し、消費者物価も上昇し、長かったデフレからようやく脱却できる。

ほんとうはそうではないが、国際的にみても高いからといって、法人税の減税をおこなって企業の増益の後押しをした。

ところが、である。企業は、積極的な設備投資をおこなわないばかりか、ろくに賃上げもしなかった。当初、円安の恩恵を享受し、膨大な「不労所得（為替差益）」を懐に入れた、ほんの一部の輸出大企業がお付き合い程度に賃上げをしたにすぎなかった。とうぜんのごとく、企業の内部留保が２０１５年度になんと３７７兆８６８９億円という規模に膨れ上がった。

消費者物価（生鮮食品を除く）上昇率は、２０１６年６月に前年同月比マイナス０・５％と、異次元緩和開始直前13年３月以来のマイナス幅を記録した。デフレに戻りつつあった。

それでも、安倍氏は、異次元緩和が限界に達していた日銀にさらなる圧力をかけることはなかった。安倍氏がいくら経済政策に疎くても、安倍経済政策が一時的にしろ「成功」したのは、日銀の異次元緩和のおかげであることだけは知っていたからであろう。

だから、企業が内部留保を賃上げ・設備投資に投入しないのであれば、国家がみずから「強い経済」を構築することに舵を切った。

そこで、２０１６年７月の参議院選挙で勝利すると、安倍氏は、「アベノミクスのエンジンを最大限ふかす」と宣言して、28兆円規模の経済対策をぶち上げた。

日銀は、低コストないし「返済不要」マネーの供給機関となればいいとかんがえたことだろう。日銀のマイナス金利政策のおかげで、当初は、10年物国債までマイナス金利となった。国家は、なんと利子をもらって借金ができた。政府は、日銀がいくらでも国債を買ってくれるので、ふんだんに景気対策資金を調達することができる。

こうしたなかで、「ヘリコプターマネー（ヘリマネ）」というとんでもない議論が登場した。日銀からマネーがマーケットに出ていくことは、それほどかんたんなことではない。だから、極論すれば、日銀がマネーを直接ヘリコプターで空からバラ撒けばいいという考え方である。

ヘリマネ論が議論されるだけであれば実害はないが、深刻な問題は、安倍「独裁」政権下では、経済が政治の「手段」と化しているので、政治的野望の実現のために躊躇なく実行される可能性が高いことである。ここで、異次元緩和は、文字どおり異次元の世界に入り込む。

ヘリコプターマネー論の登場

ミルトン・フリードマン（1912～2006）が1969年に提唱したといわれているのが「ヘリコプターマネー」である。たとえば、政府が無利子永久国債を発行して中央銀行が引き受け、政策実行に必要な原資を調達する方法である。ヘリコプターで上空からマネーをバラ撒くように、政府が中央銀行からマネーを受け取って国民に配るというものである。

この考え方を踏襲したアメリカのベン・バーナンキ前連邦準備理事会（FRB）議長が来日し、2016年7月11・12日に日銀の黒田東彦総裁、安倍首相と相次いで面会した。

中央銀行がマネーを発行しているのだから、中央銀行を国家の歳入庁にして、そのマネーで国家が歳出をおこなえば、税金のいらない「無税国家」ができあがるだろう。管理通貨制のもとでは、マネーは、中央銀行が印刷するだけなので「無限」に発行できる。

もちろん、そんなことは不可能である。街中にお札があふれて、価値がなくなり、ハイパーインフレになり、経済が崩壊するからである。だが、どうしてこんな議論が出てくるのか。

バーナンキ氏が来日しただけで、すわ「ヘリコプターマネー」とは。

発行された国債というのは、かならず返済しなければならない。いくら国内で国債が消化されているからといっても、返済の原資は、増税などで賄わなければならない。

ところが、ヘリマネは、政府が中央銀行に無利子永久国債をわたしてマネーを入手するので、利子の支払いはもちろん、元本の償還も永遠に不要である。もしかりに、マイナス金利永久国債であれば、政府は日銀から毎年利子をもらえる。

こんなメチャクチャな議論が出てくるのは、安倍氏の政治的野望を実現するためであるとかんがえられる。以前であれば、無利子永久国債の発行など、議論として出てくるはずもない。

だが、「憲法」違反であるにもかかわらず、最高法規たる「日本国憲法」の解釈を勝手に変えて、へいぜんと国会で強行採決する安倍氏のことである。デフレ脱却のためといえば、無利子永久国債のほうが国会を通りやすいかもしれない。強行採決など不要だろう。

こうして、安倍氏が、2018年9月に自民党総裁任期三期目に入り、「憲法」改正（改悪）をなしとげ、東京五輪・パラリンピックを仕切ることができれば、歴史に名を残せるに違いない。だが、政治の「手段」と化した日本経済の末路は悲惨である。

預貯金の収奪

このヘリマネこそ「劇薬」などではなく、「麻薬」そのものである。「麻薬」は、投入し続けるだけでなく、効かなくなってきたらさらに多量の強い「麻薬」を使わなければならない。

麻薬を常用すると麻薬中毒患者になり、最後は廃人となる。「麻薬」であるヘリマネは、いずれ日本経済を「廃人」にいたらしめる。インフレの高進による日本経済の崩壊である。

安倍政権は、オリンピックの大成功を大義名分として、とことん「アベノミクスをふかす」ことは間違いない。それは、日本国民の民族意識の高揚に打ってつけのテーマだからである。オリンピック反対などといったら「非国民」の烙印を押されるだろう。

経済が安倍氏の政治的野望の実現の「手段」に貶められているので、「支配」下の日銀という「ヘリコプター」から、魔法のようにマネーが吹き出し、公共投資などのために日本全国の空からばら撒かれる。こうして、オリンピック景気が続き、安倍政権の支持率ははね上がる。

ところが、オリンピック終了後には、深刻な景気後退とインフレに見舞われることは必定である。政府が、ひさびさにみずから景気高揚策をとったはずなのに、結局は、インフレの高進で庶民の預貯金と償還期間付き国債が消滅する。

企業の内部留保というのは、インフレに対応できるように外国の金融資産、株式、土地などで運用されているので保全される一方で、社債や銀行借り入れなどの債務は消滅する。

庶民が被害を受け、国や企業の借金は「消え」、しかも企業の儲けはそのままに、これが、究極の不平等といわれるものである。

したがって、マイナス金利付き（長短金利操作付き）量的・質的金融緩和などという異常な、しかも資本主義の大原則を突き崩す非常識な非伝統的金融政策を、正常な金融政策に戻す出口戦略を一刻も早く実行しなければならない。

というのは、金融政策だけでは、デフレからの脱却などできるはずもないからである。デフレは、現代の「恐慌」にほかならない。だから、デフレ脱却は、経済政策と金融政策が連動して初めて可能となる。

ところが、ゼロ金利下では、金融政策がきかなくなるので、財政出動をおこなえというシムズ理論なるものがもてはやされている。

デフレというのは、個人消費が冷え込んでいるので発生する。それは、企業が日本で強い経済が構築されるという確信を得るとともに、庶民の老後の不安が解消されて初めて解消される。そのためには、財政赤字の削減による健全財政の構築、賃上げ・福祉充実などによる格差の縮小が絶対不可欠である。

2　安倍経済政策の「成功」

（1）世界的な景気減速へ

世界同時株安

２０１６年の大納会での日経平均株価の終値は１万９１１４円37銭で、大発会の水準を上回った。ただし、これは、トランプ米大統領当選による前人気によるものにすぎなかった。

前年２０１５年大納会（12月30日）の日経平均株価の終値は、14年末と比べて１５８２円（９％）高い１万９０３３円であった。４年連続の株価上昇であったが、これは03～06年以来のことである。

２００３～06年といえば、欧米の住宅・資産バブルが激しくなるなか、小泉純一郎政権のもとで、経済・賃金格差の拡大やマネーゲームの横行など、悪しき風潮をもたらしただけの新自由主義的な経済政策が強引に進められた時期であった。

安易に金儲けができるがごとき風潮をまき散らし、額に汗して、油まみれになってモノ作りに励むことの軽視、というよりも蔑視するような風潮すら世の中に蔓延した時代であった。多くの庶民を、こんな世の中はいやだという気持ちにさせた。

この４年連続の大納会での株価上昇は、安倍政権の経済政策（もっともらしくみずから「アベノミクス」と呼んでいるが）の成功のおかげだということが、政権側から意図的にまき散らされた。だが、けっしてそうではない。

日本企業の国際競争力が低下し、円安に転換しつつあるなか、アメリカの中央銀行である連邦準備理事会（ＦＲＢ）が実施してきたゼロ金利政策と、天文学的規模のマネーをマーケットに流し続ける量的緩和（ＱＥ）による幻想の経済成長の帰結にすぎなかった。

だが、大量の中銀マネーは、株式市場に投入されてミニ株式バブルが醸成されるとともに、新興諸国に流入した。おかげで、アメリカ経済も個人消費が回復して失業率も低下し、景気が自律的に成長したかにみえた。

景気の失速

そこで、ＦＲＢは、２０１４年10月にＱＥを停止し、15年12月にはついにゼロ金利政策を終了した。16年には、３、４回利上げするといわれていたが、12月に０・２５％と一度の引き上げに終わった。この決定は、不動産・資産バブル崩壊による平成大不況期に、日本銀行が、何度か犯してきたのと同じような政策ミスかもしれない。

中国は、リーマン・ショック後の世界的な大不況に対処すべく、膨大な公的資金を投入して世界経済を牽引してきたが、住宅（公共投資）バブルを発生させただけであった。その中国では、２０１５年に入ると経済の失速がはっきりしてきた。

アメリカは、中銀マネーの大量供給によって、大不況への転落を必死で押し留めてきた。それを止めたのだから、景気に変調をきたすのはとうぜんのことである。

株式市場の調整局面への転換、個人消費の低迷、資源国や新興国からマネーが流出し世界経済が不況局面に転換した。それを加速させたのが、中国のバブル崩壊不況と原油価格の暴落であった。こうして、２０１６年の大発会から、日経平均株価は6営業日連続の下落を記録した。

ジャネット・イエレン議長は、３月29日のニューヨークでの講演で、追加利上げは「海外経済のリスクなどを考慮して慎重に進める」ことを強調した。

中国では、２０１６年３月に第12期全国人民代表大会（全人代）の第４回会議が開催され、16年の実質経済成長率の目標値が、15年の７％前後という目標から、６・５～７％に引き下げられた。

中国国家統計局が２０１６年３月に発表した16年１～３月期の国内総生産（ＧＤＰ）の実質成長率は前年同期比で６・７％にまで減速した。

世界経済の変調のなかで、安倍政権は、みずからの信念である「戦後レジーム」を転換させるために、内閣支持率上昇の「手段」として、２０２０年東京五輪・パラリンピック開催に向けて、「大胆な公共投資」によって、経済成長を加速させようとしている。

伊勢志摩サミット

安倍氏は、２０１６年5月26・27日に開催されたＧ７主要国首脳会議（伊勢志摩サミット）において、恣意的な参考データなるものを提示し、現状の世界経済はリーマン危機前に似ており、「対応を誤ると危機に陥りかねない」と指摘した。

しかしながら、ドイツやイギリスの首相から、同意を得ることはできなかった。とはいえ、議長国である日本への配慮から、首脳宣言では、「世界経済に対する下方リスクが高まっている。新たな危機を回避する」ということで合意した。

なぜ、安倍氏は、リーマン・ショック前の状況に似ているといったのか。消費税率の10％への引き上げを延期するための国際的お墨付きがほしかったからであろう。

安倍氏は２０１４年12月に、さして必要もなかった衆議院解散・総選挙で、消費税率の10％への引き上げを15年10月から17年４月に1年半延期することの是非を争点とした。

このときの総選挙で安倍氏は、２０１７年には、かならず消費税率を引き上げる、それが可能な経済状況を作り上げると断言した。「大災害やリーマン・ショック級の経済危機がなければ」、引き上げの再延期はないと言い続けてきた。もちろん、安倍氏は、消費税率の10％への引き上げなどおこなうつもりなどなかったはずである。

だから、サミットという国際舞台で、世界は、リーマン・ショックの前夜にある、とこじつけのデータをそろえて訴えたが、独英などは、歯牙にもかけなかった。それでも議長国という「職権乱用」によって、「新たな危機を回避」という文言を潜り込ませた。

こうして、２０１６年６月１日に安倍氏は、消費税率の10％への引き上げを19年10月まで２年半再延期する方針を正式に表明した。そして、７月の参議院選挙で「国民の信を問いたい」と述べた。一度ならず二度までも消費増税延期を政争の具にしたのである。

6月23日には、イギリスでの欧州連合（EU）からの離脱の是非を問う国民投票で、なんと離脱賛成が過半数を占めた。これが安倍氏のいう「危機」だ、「安倍氏には先見性があった」という声も聞かれたが、これは危機とはいえないだろう。

増税に賛成するひとなど少ないので、参議院選挙の争点だといわれて、多くの有権者は自民党に投票した。二度の国政選挙で、増税延期が争点とされ圧倒的に支持を得た。これは、将来に禍根を残した。2019年10月の再延期の延期も争点になるだろうからである。

逆にいうと、消費税率の引き上げも国政選挙の争点として、国民の信を得なければならないということになる。惨敗を覚悟して。

安倍氏の政治手法は、国民のいやがることをせず、人気とりをおこなう「ポピュリズム（大衆迎合主義）」にほかならない。それでも、日本を戦争に駆り立てるようなことは、どんなに反対運動が激しくてもゴリ押しする。

(2) 運も実力のうち？

運がよかった安倍氏

安倍氏が自民党総裁に復帰した2012年9月というのは、超円高が終息する時期とピタリと重なっていた。すなわち、輸出企業の国際競争力が低下するとともに、貿易収支も赤字に反転し、外国投資家が円売り機会を虎視眈々と狙っている時期であった。

図1　貿易指数の推移

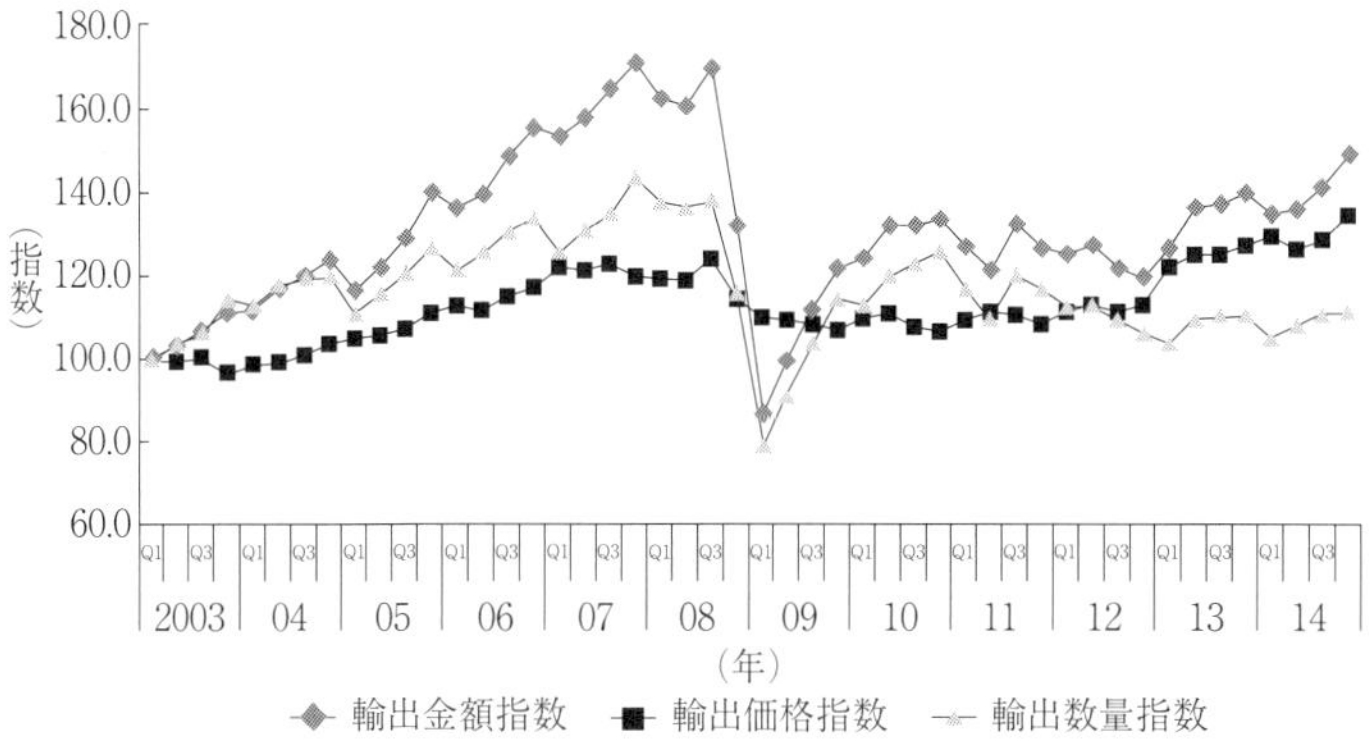

（資料）財務省「貿易統計」。
（出所）財務省『ファイナンス』。

貿易赤字の拡大は、超円高だからとか、東日本大震災で原子力発電（原発）が停止して、石油・天然ガスの輸入が増えたからだといわれた。

だが、そうではない。２０１１年10月31日の１ドル75円35銭の超円高から１００円、１２０円の円安に転換しても、輸出数量はいっこうに増えていないからである（図1参照）。

貿易赤字が消え去るような気配もなかったし、多くの国民に見放された体たらくの旧民主党政権が衆議院解散・総選挙で下野し、次期首相に安倍氏が「当確」であれば、その発言が注目されるのはあたりまえのことである。

首相や財務大臣などの政治家は、意図的に外国為替相場を動かす口先介入でもないかぎり、為替相場に口出しすることは厳禁である。ところが、首相「当確」の安倍氏は、自民党総裁に復帰するや、超円高是正・デフレ不況克服を声高に叫ん

図2　為替相場の推移

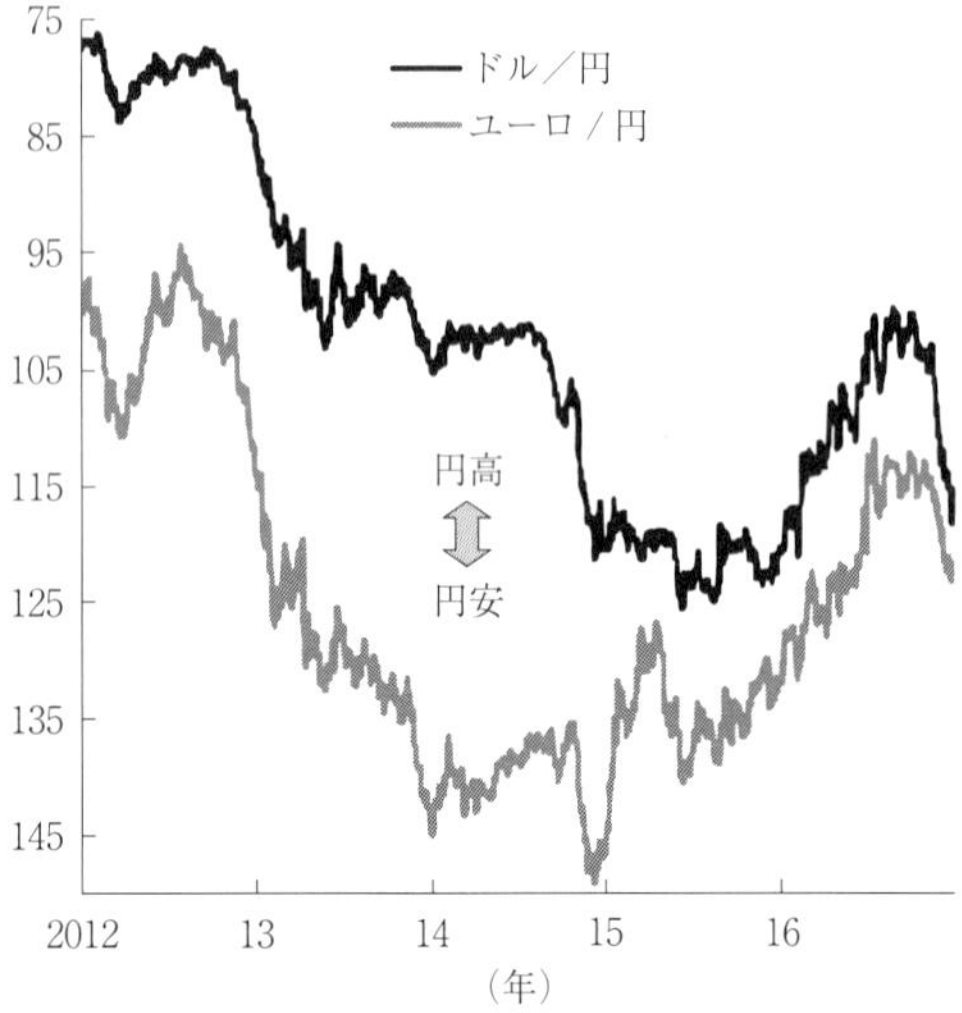

（出所）日本銀行。

だ。

　政府の言うことを聞かない日銀総裁はクビだという、驚愕すべき発言まで飛び出した。

　もちろん、ファンダメンタルズ（経済の基礎的条件）がそうなっていたので、安倍氏の発言を契機にして、急速に円安が進んだ（図２参照）。安倍氏は、ジョージ・ソロスのような抜け目のない相場師に、天文学的な投機利益を「献上」した。

　円安に転換すると、不思議なことに、それまでとまったく変わりがないことをしているのに、輸出企業の為替差益が激増した。日本銀行は、当初は１ドル80円あたりから１００円に引き下げ、しばらくして１２０円の円安に誘導した。

そうすると、ひさびさに株式市場が高揚した。輸出数量が増えているわけでもないのに、1ドル80円から100円になると儲け（為替差益）が25％も増える。120円になると50％も増える。魔法のような現代版「錬金術」である。

現代資本主義では、独占企業が競争を排除することで、独占利潤を獲得するが、政府・日銀の円安誘導によって、「独占利潤」が50％も増える。これは、「独占利潤の第二形態」ともいうべきものであろう。

このように、国家が、独占企業に積極的に利潤機会を与えるばかりでなく、利潤を直接献上するような社会経済構成体を「国家独占資本主義」と呼ぶ。

こうして、安倍氏が2012年12月の総選挙で圧勝し、政権に復帰すると超円高・デフレ不況を克服した「名」宰相とばかりに、内閣支持率がはね上がった。もちろん、旧民主党政権が不甲斐なかっただけのことなのだが。

ヒトラーも強運の持ち主

この安倍氏の強運は、あのアドルフ・ヒトラー（1889～1945）と同じだというと言い過ぎだろう。あえて言わせていただけば、長い間、ドイツを勉強してきたものにとって、奇妙に似かよっているようにおもえてしかたがない。

ヒトラーが政権の座についた1933年1月は、ドイツでの29年世界恐慌が底入れした時期と、ピタリと一致している。もちろん、あくまでも歴史の偶然である。恐慌の底入れというのは、景気がそれ以上は悪化しないということ、すなわち恐慌が終息したということである。

だから、経済政策のズブの素人が政権をとっても、だれでも思い付く高速道路建設などの公共投資をおこなえば景気は反転する。もちろん、ヒトラーは、あくまで軍事目的でドイツ全土に高速道路網（アウトバーン）を建設したのだが、この公共投資が功を奏した。

大恐慌時に「民衆にパンを」と声高に叫んで政権を奪取したヒトラーは、こうして景気を回復させ、ほんとうに民衆にパンを与えた。野望の実現のためなのに、高速道路を作るだけで支持率ははね上がった。もちろん、失業率を下げるために小細工も弄したが。

経済というのは、ヒトラーにとっては醜い政治的・領土的・人種的野望実現のためのたんなる「手段」にすぎなかった。野望実現の「晴れ舞台」こそ、歴史上最悪の世界大恐慌であった。ヒトラーも「強運」の持ち主だった。もちろん、世界史の悲劇であるが。

ドイツには、「5000万人（当時の全ドイツ人）のヒトラーがいた」といわれる。ユダヤ人大虐殺（ホロコースト）というのは、ヒトラーという狂人ただひとりの蛮行とはいえないということなのである。

ヒトラーの野望は、神聖ローマ帝国、ドイツ帝国に続く、第三帝国の建設であった。そのため、ヒトラーは、大恐慌時に究極のスローガンを掲げた。重い戦後賠償を課した「ベルサイユ条約の破棄」、すなわち「ドイツの誇りを取り戻せ」がそれである。

第三帝国の建設のために、ヒトラーは、中央銀行（ライヒスバンク）を国家の「下僕」（金庫代わり）とし、戦争経済を構築していった。「パン」はあくまで民衆の支持を取り付けて、第三帝国を樹立する「手段」にすぎなかった。やはり、その帰結は悲惨であった。恐慌などという次元のものではなかったからである。

それは、ヨーロッパを廃墟にしての第二次世界大戦での敗北、数千万人の犠牲者、６００万人あまりのユダヤ人の大虐殺、ドイツ帝国の滅亡、国家の破滅であった。

「戦後レジーム」からの脱却

安倍氏は、日本は東アジア諸国への侵略戦争について、戦後、アジアはじめ世界に謝罪してきたが、そろそろ卑屈な「自虐史観」を止めにして、「戦後レジーム」から脱却しようという。アメリカからの押し付け「憲法」を改正（改悪）して、「積極的平和主義」を推し進めるというのが、安倍氏の信念であろう。「憲法」を改正（改悪）しようにも、その発議には、衆参両院でそれぞれ三分の二以上の議席が必要である。

国政選挙で大勝利するには、高い内閣支持率が絶対的前提条件となる。国民がデフレからの脱却・景気の回復を政治に求めている以上、それを数字で実感してもらえば内閣支持率ははね上がるし、国政選挙で勝利できる。有権者の最大の関心事は景気だからである。

ひとびとに景気回復の「幻想」を持たせるには、日本銀行を「恫喝」して異次元緩和を実行させ、円安誘導をおこなわせるだけでいい。株価を引き上げるには、円安にする方法が手っ取り早いからである。日本では、なぜか、円安になると株価が上がる。

安倍氏は、自民党が政権から転がり落ちた浪人時代に、この「ウルトラC（ただし禁じ手）」に辿り着いたことだろう。もちろん、貿易赤字基調という円安に転換する経済的前提条件が整っていただけのことだが、一野党の代表にすぎない安倍氏が、超円高を是正すると発言しただけで、あっという間に円安に転換した。とうぜんながら株価も上昇していった。

やはりというべきか、2012年12月の総選挙で自民党は圧勝した。首相復帰後は、それは、あくまで安倍首相の手柄でなければならないので、「アベノミクス」なるもっともらしい造語を世間に意図的に流布させた。

なにもせず、日本銀行を「脅した」だけなのに、円高が是正され、デフレが克服（脱却ではない）され、株価が高騰し、景気が回復したと有権者は喜んだ。安倍氏は、こんな「魔法の杖」があったのかと、さぞかし、小躍りしたことだろう。

つづく2013年夏の参議院選挙、14年12月の総選挙で圧勝し、16年夏の参議院選挙でも勝利した。12年12月の総選挙以来、国政選挙四連勝と向かうところ敵なし、「安倍一強時代」が到来した。

2014年12月の総選挙は、経済を争点として圧勝したにもかかわらず、15年に入ると、現行「憲法」下での集団的自衛権の一部行使を容認する「安全保障（安保）法案」をゴリ押しした。国会では、野党の激しい追及にまともに答弁できなかったにもかかわらず。

安倍氏は、独裁者のごとくふるまっている。知ってか、知らずにか、あろうことに安倍氏は、２０１６年５月16日の衆議院予算委員会で「私は立法府の長であります」と述べた。もちろん、この発言は議事録から削除され、「行政府の長」に修正された。

（3）「アベノミクス」とは噴飯もの
中身は公共投資だけ

安倍氏がやったことといえば、「アウトバーン」建設ならぬ、自民党政権お得意の旧態依然たる公共投資と軍事費の増大（軍事力の強化）だけである。とりたてて新しいことや、その構築・実行がきわめて難しい成長戦略などかんがえなくてもいいので、こんな楽なことはない。

かくて、安倍晋三という政治家は、一度目は「無能」総理大臣の烙印を押され、政権を投げ出したものの、二度目は「有能」宰相となった。その名はおそらく、悪い意味で、日本の歴史に残るだろう。もちろん、安倍氏が有能になったわけではない。

もしも、「有能」だったとすれば、自分の言うことを忠実に「聞く」黒田東彦という人物を日銀総裁に据えたことくらいのものである（もちろん、黒田氏は安倍氏に逆らうこともあるが）。

さらに深刻な問題は、マスコミをも恫喝して、安倍批判を封じ込めたことである。権力批判がジャーナリズムの使命なのに、なんとも情けないことである。トランプ米大統領に立ち向かうアメリカのジャーナリズムを見習ってほしいものである。

安倍批判が封じられたこともあって、株価上昇と連動して内閣支持率は上昇した。安倍政権が「株価連動内閣」といわれる所以である。その効果は、なんと国政選挙四連勝である。

国政選挙で四連勝

２０１４年12月の総選挙で安倍氏は、８％から10％への消費増税の延期と「アベノミクス」の継続を争点にした。消費増税は、景気が悪ければ延期できると、法律にちゃんと書かれているにもかかわらず。16年７月の参議院選挙でも、８％から10％への消費増税の延期と道半ばの「アベノミクス」の継続を争点にした。二匹目のドジョウを狙ったのだろう。

増税延期はもちろん、景気をよくしてくれることに反対する国民はほとんどいない。副作用や弊害がいくら叫ばれても、それが表面化していなくて、株価が高ければ内閣支持率は下がらない。国政選挙四連勝で、安倍氏に表立って逆らう自民党議員は消えた。

こうしたなかで、安倍氏の政治的野望の第一弾が出てきたのが、２０１４年師走総選挙で圧勝して年が明けてからのことである。安倍氏は、総選挙で「アベノミクス」の是非を問うなんて言った?、とばかりに、集団的自衛権行使のための「憲法」解釈変更に没頭した。

国民の轟々たる批判のなかで、２０１５年９月に「安保法案」が参議院でも強行採決され、成立した。

2016年7月の参議院選挙でも自民党が勝利し、改憲派がとうとう衆参両院で三分の二以上の議席を獲得したので、ついに安倍氏「悲願」の「憲法」改正（改悪）発議の前提条件が整った。

この参議院選での勝利のために、「安保法案」の国会審議で40％を割り込んだ内閣支持率をなんとしても回復させなければならなかった。そこで、「経済、経済、経済」となったのである。

「経済、経済、経済」

2015年9月24日におこなわれた記者会見で安倍氏は、未来を見据えた、新たな国作りを強く進めるために、「アベノミクス」は「第二ステージ」に移ると宣言した。

安倍氏ばかりか、自民党執行部も、「経済、経済、経済」と絶叫した。2016年7月の参議院選挙で勝つために。

「第二ステージ」は、希望と、夢と、安心のための、新三本の矢からなっているという。第一の矢は、希望を生み出す強い経済、第二の矢は、夢を紡ぐ子育て支援、第三の矢は、安心につながる社会保障である。

旧「三本の矢」の第一は、大胆な金融政策、第二は、機動的な財政政策、第三は、民間投資を喚起する成長戦略であった。この旧三本の矢が、新第一の矢に統合された。安倍政権が成立して3年たったこの時期でも、有効な成長戦略の構築などできていないにもかかわらず。

2015年というのは、現行「憲法」下で集団的自衛権の部分的行使容認をゴリ押しする無駄な1

年であった。成長戦略を構築すべき貴重な1年であったのに。ただし、資本主義の現段階で成長戦略というのは、存在するかと問われれば、現状では思い付かないが。

旧三本の矢によって、「的」である強い経済を射るはずだったのに、ついに実現できなかった。だから、その前提のうえに成り立つはずの、二本の矢（政策目標なので正確には的）が砂上の楼閣であることは、火を見るよりも明らかである。

子育て支援や福祉の充実などは、政治がまっさきに取り組まなければならない政策課題であることはいうまでもない。だが、そのためには、膨大な財政資金を必要とする。だから、きわめて難しいのである。

１０６６兆円もの財政赤字（政府債務残高）を抱える日本であっても、なんとしても実現しなければならないことである。しっかりとした財源も示さずに、子育て支援や福祉の充実が二本の矢とされたのは、おそらく参議院選挙での勝利のためだったのであろう。

3　安倍経済政策のリスク

（1）財政ファイナンス

「挑戦、挑戦、挑戦」

安倍氏は、２０１６年1月4日の年頭記者会見で、「本年は、挑戦、挑戦、挑戦、そして挑戦あるのみ。未来へと果敢に「挑戦する1年」とする」決意であると述べた。約22分間の会見でなんと「挑戦」という言葉を25回も繰り返した。

安倍氏は、「新しい国造りへの新しい挑戦を始める。そんな年にしたい」との抱負を語り、「いかに困難な挑戦であったとしても、「一億総活躍」の「苗木」を植える挑戦をスタートしたい」と述べた。

安倍氏の野望は、「新しい国造り」、すなわち「戦後レジーム」からの脱却なので、7月の参議院選挙でなんとしても「憲法」改正（改悪）の発議ができる改憲派で三分の二以上の議席を獲得することへの「挑戦」ということだったのであろう。

安倍政権の経済政策のうち、旧三本の矢というのは、成長戦略を除けば、他力本願であるとか、一世代前のままではあるものの、きわめて具体的であった。だから、日本銀行が異次元緩和をおこなったおかげで、円安・株高が実現した。

だが、旧第三の矢である成長戦略構築に失敗したので、旧三本の矢は強い経済という「的」には一本も当たらなかった。安倍氏は、なぜかということを一切、検証することはなかった。

もちろん、そうすれば、「アベノミクス」なるものの失敗をみずから認めることになるので、検証などするはずもなかった。そこで、国民への「目くらまし」のために、「経済、経済、経済」という「呪文」を唱え、新しい三本の矢となったのであろう。

ところが、新第一の矢である「強い経済」というのは、すでに破綻し、折れた矢である。折れた矢では、子育て支援・福祉充実という「的」には当たらない。したがって、本来の的である一億総活躍社会の実現などできようはずもない。だから、「挑戦」なのだろうか。

こうした安倍氏の「挑戦」のノロシが打ち上げられたとたん、株価は、２０１６年の大発会から６営業日連続の下落を記録した。マーケットは、事態の本質をしっかりと見据えているのであろう。

マイナス金利の導入

２０１６年1月29日、日本銀行は金融政策決定会合において、ついに日銀初となる前代未聞のマイナス金利政策の導入を決定した。これは、銀行が日銀に預ける一部の当座預金に、2月16日から新たにマイナス０・１％の金利を付すというものである。

資本主義では、資金の借り手が利潤の一部を金利として、資金の貸し手である預金者に支払う。ところが、マイナス金利というのは、資金の貸し手が金利を支払うというものであり、利潤の一部を利子として支払うという資本主義の大原則を否定するものである。

日本銀行当座預金のマイナス金利適用スキームは、銀行が日銀に設定している当座預金を三段階の階層構造に分割し、それぞれの階層に応じてプラス金利、ゼロ金利、マイナス金利を適用するというものである。すなわち、基礎残高（プラス０・１％）、マクロ加算残高（ゼロ％）、政策金利残高（マイナス０・１％）にわけて、それぞれカッコ内の金利を適用する。

日銀は、２％の物価安定目標の実現をめざし、これを安定的に持続するために必要な時期まで、「マイナス金利付き量的・質的金融緩和」を継続する。

日銀当座預金金利をマイナスにすることによって、利回り曲線のはじまりを引き下げることができる。日銀当座預金金利の引き下げに、大規模な国債買い入れと合わせることで、金利全般により強い下押し圧力を加えることができる。

この枠組みは、従来の「量」と「質」に「マイナス金利」を加えた三つの次元で、追加的な緩和が可能なスキームである（三次元緩和と呼ばれる）。この「マイナス金利付き量的・質的金融緩和」によって、２％の物価安定目標の実現が可能である。

これが日本銀行の言い分である。だが、金利をマイナスにまで誘導することについて、銀行界や財界から激しい批判が浴びせられている。そこで、２０１６年9月21日に日銀は、ついに3年半にわたる量的・質的金融緩和の総括的検証をおこなった。

ここでは、量的・質的金融緩和そのものは有効に機能したものの、２％の物価目標を実現できなかったのは、原油価格の暴落、消費増税による消費の減退、新興国経済の低迷などによるものである。したがって、マイナス金利付き量的・質的金融緩和はいぜんとして有効であり、いささかの変更の必要もないという。

為替操作監視国に指定

安倍経済政策が当初、大成功したかにみえた唯一の要因は、日銀のメチャクチャな異次元緩和によって、円安に大転換したことにある。

だが、それは、すでに日本が貿易赤字基調に転換していたこと、安倍政権の対米協調姿勢を明確にさせるために、アメリカ政府が日銀による円安誘導を黙認したことによるものである。もちろん、日銀の異次元緩和がきっかけとなったことはいうまでもないが。

ところが、アメリカの中央銀行FRBが量的緩和やゼロ金利政策を止めると、アメリカの経済が変調をきたしてきた。２０１６年になると米大統領選挙が本格化してきた。いつまでも、安倍政権の円安誘導を容認するわけにはいかなくなった。

そこで、２０１６年4月15日、ジェイコブ・ルー米財務長官は、ワシントンで開催された主要20カ国・地域（G20）財務相・中央銀行総裁会議後の記者会見で、「最近は円高が進んだが、為替市場は秩序的」と述べ、日本の円安誘導を牽制した。

ついに29日、米財務省は、貿易相手国の通貨政策を分析した半期為替報告書で、対米貿易黒字が大きい日本や中国やドイツなど5カ国・地域を監視リストに指定した。不当な通貨安誘導をおこなえば、為替操作国として制裁が発動されることもある。

アメリカはとうとう、日本の円安誘導を認めない方針に大転換したのである。

FRBは、２０１６年4月27日に追加利上げを見送ったが、翌28日に開催された金融政策決定会合で、日銀は、金融政策の現状維持を決定した。こうしたなかで、原油価格の暴落により、日本の貿易赤字幅が縮小していたこともあって、1ドル１０５円台まで急激に円高が進んだ。

２０１６年6月23日にイギリスの国民投票でEU離脱が決定されると、世界経済の先行き不安から円高が進み、円は一時1ドル１００円を切った。円高が進むことで、輸入物価が下落し、それまで値上げされてきたものが、また値下げされた。日銀による2％のインフレ目標達成がさらに難しくなってきたし、景気の低迷もはっきりとしてきた。

株安と円高の影響で企業収益も悪化した。２０１６年４～６月期の上場企業１０５５社の経常利益は18％減少した。58％の企業が経常減益となり、金融危機の影響が出た09年７～９月期（62％）以来の高い水準である（『日本経済新聞』２０１６年８月６日）。

２０１６年７月の参議院選挙

「憲法」改正（改悪）という安倍氏の政治的野望の実現には、衆参両院で、自民党などの改憲勢力三分の二以上の議席確保が絶対的前提条件である。

衆議院では、２０１２年12月の総選挙で自民党など改憲勢力が三分の二の議席を確保し、第一ハードルを越えた。問題は参議院であったが、13年７月には衆議院選圧勝の熱冷めやらぬなか、改憲勢力が圧勝した。だが、改憲勢力は三分の二には届かなかった。

どうして解散するかがよくわからないなかでおこなわれた２０１４年12月の衆議院選挙でも、消費税率引き上げ延期という人気取り政策を前面に押し出したので、引き続き衆議院で改憲勢力は三分の二の議席を確保した。

この国政選挙の連勝に気をよくしたのか、安倍氏は、２０１５年になると選挙公約の片隅に小さく書かれた「安全保障法案」の国会通過をゴリ押しした。同法案は「日本国憲法」第９条の解釈を変更しようとするもので、「憲法」違反の代物であった。

とうぜんのごとく、国論を二分する騒ぎになった。頼みの内閣支持率が低下したので、安倍氏が政治的野望実現の第一歩をクリアすると、ふたたび経済に回帰した。

２０１６年7月の参議院選挙で自民党などの改憲勢力が三分の二を確保しなければ、自民党総裁公選規程を変えて三選を認めないかぎり、安倍政権のもとでの「憲法」改正（改悪）は時間的に不可能になる。そこでまた「経済」となったのである。

消費税率の引き上げの再延期を有権者に訴えて参議院選挙に臨んだ。かくして、この参議院選挙でも勝利し、念願の参議院での改憲勢力三分の二を確保した。

いよいよ「憲法」改正（改悪）へ

安倍氏は、いよいよ悲願の「憲法」改正（改悪）に突き進む。衆議院を解散しないかぎり、最長で2年半は国政選挙がない。２０１９年7月に参議院選挙があるが、安倍氏の自民党総裁任期は、前年18年9月までである。

だが、戦後70年間にわたり一字一句変えられなかった「憲法」を改正（改悪）するというのはそんなにかんたんなことではない。ドイツのように、「憲法（ドイツでは基本法）」が実態に合わなくなったのであれば、変更されなければならないが。

もちろん、環境権とか選挙制度など現状に合わない側面もあるが、ドイツのように、東西に分割されるとか、ＥＵへの参画など、どうしても「憲法」を改正しなければならないという緊急性はなかったし、現状でもない。

「日本国憲法」の戦争放棄、基本的人権、主権在民という基本理念は、崇高なものである。第９条を「改悪」して、日本の軍隊がアメリカとともに、世界中で戦争できるようにすることが、「積極的平和主義」なのか、という疑問を持つ日本国民もけっして少なくはない。

「憲法」改正の必要はないという国民は、過半数を超えている。しかも、安倍政権下で。

イラク戦争（侵攻）などに、アメリカとともに参戦することがはたして日本の進むべき道なのだろうか。核を隠し持っていると国際社会に嘘までついて、イラクに侵攻するようなことが許されるのであろうか。

イラク侵攻に参戦したイギリスのトニー・ブレア元首相は、厳しく糾弾されたにもかかわらず、アメリカのイラク侵攻に賛意を表明し、イラク・サマワに自衛隊を派遣した小泉元首相は、この行動はいまでも間違っていないとばかり、知らぬ、存ぜぬを決め込んでいる。

とにかく、「日本国憲法」の改正（改悪）というのは難しい。そこで、国政選挙四連勝と飛ぶ鳥を落とす勢いの安倍氏の、自民党総裁任期をもう一期延長すべしということになった。安倍氏の自民党総裁任期は２０１８年９月までであるが、これをもう一期３年間延期すれば、東京五輪・パラリンピックを取り仕切ることができる。「憲法」改正（改悪）のための猶予期間も２０２１年まで先延ばしできる。

その間に、２０１８年12月までには衆議院選挙、19年7月に参議院選挙がある。もちろん、安倍氏には、国政選挙六連勝ということが至上命令となる。とくに衆議院選挙での圧勝は不可欠である。そのために必要とされることは、経済をいかなる手段を使っても強くすること、すなわち、デフレからの完全脱却である。

短期決戦

安倍氏にとって、２０２０年の東京五輪・パラリンピックまでが勝負である。終了すると「オリンピック恐慌」が勃発する可能性が高いからである。まさに、短期決戦である。

２０１６年８月２日の臨時閣議で、事業規模28兆１０００億円の「未来への投資を実現する経済対策」を決定した。国と地方の直接の支出は7兆５０００億円で、16～17年度の実質国内総生産（実質ＧＤＰ）を１・３％押し上げる効果があるという。

さらに「最大のチャレンジ」と位置付ける働き方改革、同一労働同一賃金の徹底や長時間労働の是正など、格差の解消や労働者が働きやすい環境作りに取り組む。最低賃金の引き上げ、高齢者への就労機会の提供、給付型の奨学金導入（同年末、正式決定）なども検討するという。

とりわけ注目されるのは、安倍氏が「非正規という言葉をこの国から一掃する」と述べていることである。ただし、この「最大のチャレンジ」を実行していけば、経済界の支持のもとに順調に進んできた安倍経済政策が、経済界との軋轢の高まりによってかなり困難をきわめるであろう。

これまで、日銀の異次元緩和による円安誘導で輸出企業にぼろ儲けさせ、法人税減税で企業収益が好転してきた。ところが、非正規労働が一掃されるとか、同一労働同一賃金の徹底などは、著しく収益を圧迫することになるので、経済界の支持を得ることはできない。

働き方改革については、経済界は、労働時間の規制を外すホワイトカラー・エグゼンプションや解雇の金銭解決、解雇をしやすくしての雇用の流動化などを求めているがなかなか実現することはない。

だから、リニア中央新幹線の全面開通を最大8年間前倒し、整備新幹線の整備などが前面に出てくることになるのであろう。もちろん、保育士や介護士の給与の引き上げ、福祉の充実などは、どうしても実現しなければならないことである。

日銀を打ち出の小槌に

2017年1月に財務省は、2020年度の国と地方の基礎的財政収支（プライマリーバランス）は、6兆4000億円の赤字になるとの試算をまとめた。

基礎的財政収支というのは、新規国債などの発行額を除いた収入から、借金の償還費や利払い費を除いた支出を差し引いたものである。

ようするに、わが国では、もはや健全財政をめざす財政再建は不可能だということである。消費税率の引き上げは二度延期されたが、おそらく三度目も延期されることも間違いないからである。

しかも、１０６６兆円もの政府債務残高があっても、10年物未満の国債金利はゼロ前後に誘導されている。もちろん、国債を発行すると政府の債務となる。だから、28兆円の経済対策でも、新たに国債は発行せずに、第二の予算といわれる財政投融資を使った。これは融資先に返済する資金なので、政府の債務ではないという便法である。

だが、政府の債務であっても債務にならない「魔法」のような方法がある。政府が無利子永久国債を発行して日銀にわたし、資金を調達する方法である。永久国債で返済する必要がないので、企業でいう株式、すなわち自己資本のようなものである。

これが「ヘリコプターマネー（ヘリマネ）」といわれるものである。政府がいくらでも日銀からマネーを手に入れられるのに、政府債務残高が膨れ上がることはない。このマネーで１０６６兆円を返済すれば、政府債務残高ゼロと、「超健全財政」が実現する。

安倍政権は、ヘリマネを利用して、国土強靭化とオリンピック成功を大義名分にして膨大な公共投資、減税と福祉の充実などをおこなうかもしれない。そのさい、企業が膨大な内部留保を賃上げや設備投資に使って強い経済作りをおこなわないからだと主張するだろう。

ヘリマネなど、政治から独立した中央銀行であれば、絶対に受け入れることはないのであるが、政府の「支配」下にある日銀では、それもできないであろう。２％の消費者物価上昇率をめざすためだといわれれば、素直に従うはずである。

経済を政治的野望の手段に

こうしたなかで、米トランプ政権の誕生は、当初は、安倍政権に追い風となった。安倍氏は、大統領選挙中に渡米したが、当選確実といわれたクリントン氏に面会したものの、トランプ氏には面会しなかった。遅れを挽回すべく、あらゆる手段を使ってトランプ陣営に接触し、2016年11月17日に外国首脳として初めて会談をおこなった。

安倍氏は会談後、「次期大統領は信頼できる指導者だと確信した」と述べ、トランプ氏を褒めちぎった。安倍氏は、とかく発言に問題があるといわれてきたトランプ氏をかなり評価したのである。安倍氏はあせりからか、みごとにトランプ氏の術中にはまったのかもしれない。

この安倍氏の「無節操さ」と対極をなすのが、独アンゲラ・メルケル首相のトランプ氏へのお祝い電話である。

> 血統、肌の色、宗教、性別、性的指向、政治的立場に左右されず、民主主義、自由、人権と、人の尊厳への敬意という価値観の共有に基づき、トランプ次期米大統領との緊密な協力を申し出たい。

しかしながら、日本のマスコミなどは、すみやかに会談した安倍氏に好意的な評価を与えた。運よく外交の失策を挽回した安倍氏は、経済を政治的野望の手段に使おうとした。北方領土の返還がそれである。安倍氏とロシアのウラジミール・プーチン大統領は、２０１６年12月15・16日に山口県と東京で首脳会談をおこなった。

案の定、北方四島の返還はまったく見通しも立たず、「特別の制度（意味不明）」のもとでの共同経済活動をおこなうことだけで合意した。そんなことは、はじめからわかりきったことであった。ロシアの「食い逃げ」である。

さすがに、内閣支持率が低下した。共同通信社が12月16・17日に実施した世論調査によれば、60・7％から5・9％下落して54・8％となった（『東京新聞』２０１６年12月19日）。

これには、日本維新の会を改憲に引っ張り込もうとして、同党の推す「カジノ解禁法案」をゴリ押ししたことも響いている。カジノ解禁には69・6％が反対しているからである。

極め付けは、安倍氏が米バラク・オバマ大統領と２０１６年12月26・27日に真珠湾へ慰霊に行くことであった。当初、日本の総理大臣として初めての真珠湾攻撃での犠牲者の慰霊であると大々的に宣伝された。

しかし、すでに、吉田茂・鳩山一郎・岸信介ら元首相が真珠湾を訪問しており、初めてではない。安倍氏は、自分の祖父が真珠湾を訪問したということも知らなかったのだろうか。はじめてなのは、現職大統領とともに慰霊するということだけであった。

日本経済新聞社とテレビ東京は、２０１６年12月28・29日に緊急世論調査をおこなったが、内閣支持率は64％と、11月下旬の前回調査から6ポイント上昇した。犠牲者の慰霊を評価するのは人間としてとうぜんのことだからである。

ところが、安倍政権の外交音痴が発揮された。真珠湾での慰霊から帰国した翌日の29日、稲田朋美防衛大臣がなんと靖国神社を公式参拝したのである。現職の防衛大臣として初めてのことである。さっそく、中国・韓国が激しく反発した。

外交音痴の表面化

安倍政権は、外交で点数を稼いで内閣支持率を引き上げ、総選挙に打って出て圧勝し、一挙に「憲法」改正（改悪）に突き進もうとした。しかし、米トランプ政権の誕生、北方領土返還の挫折などでつまずきが目立ってきた。

大統領選挙中に、トランプ候補が環太平洋経済連携協定（ＴＰＰ）の破棄を明言していたにもかかわらず、国会で批准を強行するばかりか、数千億円のＴＰＰ関連予算を計上した。

日本は、潜水艦建造では世界でトップレベルの技術水準にあると自負しているが、安倍政権による武器輸出の解禁を契機に、オーストラリアの次期潜水艦の共同開発事業を受注しようとした。だが、２０１６年４月にフランスの造船役務局ＤＣＮＳが受注した。

ベトナムは２０１６年12月22日、同国南部での原子力発電所の建設計画中止を決めた。日本とロシアがそれぞれ受注し、２０２８年に稼働する予定であった。資金不足と福島での原発事故で住民の反発が強まったからであるという。

安倍政権は２０１６年11月、核保有国であるインドと日本の原発輸出を可能にする原子力協定で最終合意した。この合意は前月10月に、安倍政権が国連で「核兵器禁止条約」制定を求める決議案に反対したのに続く、被爆国として核兵器廃絶を世界に訴えるべき立場を放棄するものにほかならない。

米中両国政府は２０１６年９月３日、国際社会が15年末に合意した20年以降の「地球温暖化対策（パリ協定）」を批准したと発表した。そして、10月５日に73カ国が同協定を批准し、11月４日に発効した。

ところが、日本は、「パリ協定」が発効しても批准できなかった。京都議定書の採択にあたり、日本は大きな役割を果たしてきたが、安倍政権は、これに背を向けることになった。パリ協定批准は同年11月８日のことである。

（２）安倍政権長期化のリスク

２０２１年までの長期化のリスク

万が一、安倍政権が東京五輪・パラリンピックを取り仕切るまで長期化するようなことがあれば、すさまじい経済的リスクが噴出し、日本経済は崩壊する。

安倍政権長期化の経済的リスクとは、

①中韓敵視政策でアジアでの収益機会からの排除

②政権の賃金・設備投資・価格設定などへの介入

③年金基金に対する株式などのリスク資産投資の強要
④政府に「恫喝」されて従属し、歪められた日銀の金融政策
⑤膨大な公共投資と軍事費の増大による財政破綻、インフレの高進

などである。

①は、日本がアジアで生き残れないというリスク、②③は、政権が市場メカニズムを歪めるリスク、④の一部は、長期金利の日銀によるコントロールというリスクである。これらのリスクは、日本経済の正常かつ健全な経済成長を阻害するリスクである。

そこで、④と⑤のリスクがますます深刻化する。経済を成長させるために、日銀マネーと政府による公共投資・軍事費支出の全面出動をおこなわざるをえなくなるからである。

これから、安倍政権が1日でも長く続けば、きわめて深刻なリスクがマグマのように溜まっていくことは間違いない。ただちに、長短金利操作付き（マイナス金利付き）量的・質的金融緩和などという異常な、非常識な非伝統的金融政策と国家が経済運営に介入していく「政策」の出口戦略を実行しなければならない。さもないと、手遅れになる。

第1章　安倍経済政策の反国民的性格

1　安倍氏の政権復帰

(1) すべては政権復帰から

リフレ派経済学との出会い

2012年9月、かつて政権を投げ出した安倍氏が「不死鳥」のごとく、自民党総裁に復帰した。前民主党政権のふがいなさから、国会解散・総選挙がおこなわれれば、自民党が政権に復帰し、安倍氏が首相に返り咲くのはほぼ確実であった。そこで、野党浪人時代に周到に復帰の準備をしてきたようである。

安倍氏は、その荒唐無稽さから、ほとんどの経済学者に相手にされなかったリフレ派経済学者からレクチャーを受けたという。リフレ派経済学というのは、中央銀行がインフレを起こして景気をよくせよという考え方である。

そこで、安倍氏は、次のような結論に達した。日本経済は、超円高とデフレ不況に苦しみ、おかげで長期の不況に見舞われている。当時の民主党政権は、超円高とデフレ克服に有効な手を打てなかったが、それは、政府が日本銀行に弱腰だからだ、と。

日本銀行に大胆な金融政策をおこなわせれば、超円高から円安に転換させられるとリフレ派経済学者に吹き込まれたようである。そうすると、為替差益を手に入れた輸出企業が息を吹き返すので、企業業績が好転し、株価が反転・上昇する。その結果、雇用が増加し、賃金が上昇し、個人消費が拡大して、消費者物価が2％程度まで上昇するというわけである。

適度のインフレがまた個人消費を喚起し、企業も設備投資を増やし、強い経済を作り上げることができる。インフレが起これば、ひとびとは早めにモノを買うし、企業も設備投資をおこなうからであるという。

そんなことはないのだが、もしそうなら長期の超円高・デフレ不況に辟易していた国民は、安倍政権に拍手喝采をおくり、内閣支持率がうなぎ上りとなる。今後こそ長期政権を実現できるとふんだ。

これが浪人時代にリフレ派の経済学者から学んだことである。安倍氏は、さぞかし小躍りしたことだろう。

日本銀行への圧力

それを実現するには、日本銀行に強烈な政治的圧力をかけて、大胆な金融緩和を迫ればいいだけだからである。そのロジックがふるっている。

日銀がマーケットにジャブジャブ資金を投入すれば、インフレ期待が高まり、企業は設備投資を、ひとびとは個人消費を拡大するので、景気がよくなる。企業収益が好転するので、企業は賃金を引き上げる。そうすると２％程度まで物価が上がり、デフレから脱却でき、適度の物価上昇のもとで経済が成長するという、強い経済が作り上げられる。

こんなことは幻想であろうが、安倍氏は、この「ロジック」の経済実験に政治生命をかけた。円高是正とデフレ脱却の責任は、日銀にあるので、安倍政権にとっては楽なものである。何にもしなくていいのだから。

もしも成功すれば、安倍政権の手柄となって、長期政権が転がり込む。失敗したら日銀のせいにして、総裁に詰め腹を切らせればそれでおしまい。安倍氏が責任を問われることはない。こんなことを野党浪人時代に、ブレーンと称するリフレ派経済学者に吹き込まれたはずである。

おかげで２０１２年12月の総選挙で自民党が圧勝し、晴れて安倍氏が総理大臣に復帰した。こうして、「安倍恐慌（オリンピック恐慌）」という日本経済の終わりの始まりを告げる鐘が鳴った。

（２）円安転換と成長戦略の欠如

超円高はいかに反転したか？

円安への転換は、自民党の政権復帰と日本銀行の大胆な金融緩和に対するマーケットの期待による

図3　貿易収支の推移

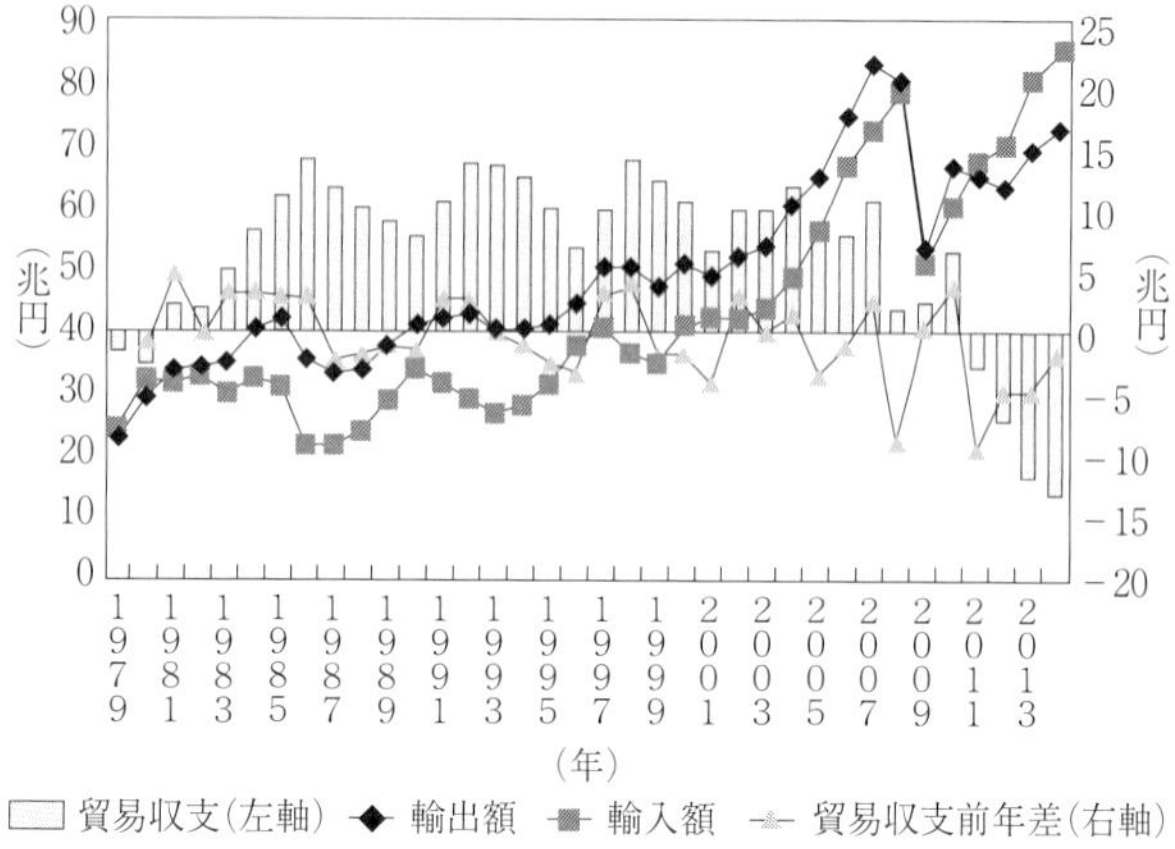

（資料）財務省「貿易統計」から作成。
（出所）経済産業省。

ものだ、といわれた。だが、決してそうではない。というのは、当時、すでに日本は、貿易赤字に転換していたからである（図3参照）。

欧米では、中央銀行が「大胆な金融緩和」を進めていたので、世界的に株高が進行していた。だから、前政権の末期には、円安に転換しかけていたし、株式市場も高揚し始めていた。

もちろん、投機家は、マーケットでファンダメンタルズからみて円安転換してもおかしくないとしても、ほんとうに転換するかについて十分な確信を持たないと、円売りを仕掛けることはない。だから、マーケットが安倍氏に期待したのは、円安誘導発言であった。

安倍氏が自民党総裁に就任するや、さっ

そく日銀にインフレ目標を設定させるとか、日本銀行に圧力をかけるような発言を繰り返した。すなわち、どんな手段を使っても超円高・デフレ不況を克服すると。

もちろん、外国為替水準について、ほんらい政治家は、けっして口にしてはならない。変動相場制下では、マーケットでその水準が決まるし、国際通貨基金（IMF）協定で自国通貨安誘導は禁止されている。

さらに、中央銀行の政治からの独立性というのは、先進国では、政治家の常識になっていたので、日銀にインフレ目標を設定させるなど決して言ってはならないことである。ましてや、言うことを聞かない日銀総裁の首を切れるように、法改正（正確には改悪）すると発言するなど言語道断である。

事実、少し前、ハンガリーでは、右派政権が中央銀行法を改悪して、中央銀行の独立性を奪い取る法案が可決された。それに対して、欧州連合（EU）などからすさまじい抗議を受けて、撤回を迫られたことは、安倍氏も知っていたはずである。

中央銀行の独立性は、管理通貨制下でマネーの過剰発行によって発生するインフレを阻止するため、あるいはマーケットを正常に機能させるため、中央銀行が政治の圧力をはね返す力を持つうえで不可欠である。だから、マーケットにとって、いずれ内閣総理大臣になると看做されている人物が、中央銀行の独立性を脅すような発言をするとはかんがえられないことであった。

もちろん、このような事情だけで、急激に円安が進むことはない。それは、旧民主党政権の「反米姿勢」に辟易していたアメリカ政府が、安倍政権を側面支援すべく、ドル高を容認したからである。

この当時、アメリカ政府は、自民党の長期政権を熱望していたのである。

改革と引き換えの解散

２０１２年秋に旧民主党の野田佳彦前首相が、衆議院の解散などをおこなわずに、翌13年夏の任期いっぱいまでガマンしていれば、自民党があそこまで圧勝することはなかったかもしれない。たしかに、旧民主党が政権を担当した3年間というのは、お世辞にもまともな政治とはいえなかった。もちろん、超円高とデフレ不況を克服することなどできなかった。

不運に追い打ちをかけるように、東日本大震災という未曾有の大地震に見舞われた。

デフレ不況というのは、中央銀行の金融政策ではなく、政府による「恐慌」対策、すなわち経済政策によってしか克服できない。しかも、成長戦略の構築・実行、抜本的な経済・産業構造改革の断行という、かなり難しいことをおこなわなければならない。

旧民主党政権は、衆議院で過半数を確保していても、参議院では過半数割れしていた時期が長いので、政権基盤は弱体であった。それがさいわいして、デフレ克服のため、理不尽な要求を日本銀行に押し付けようとしても、はねつけられっぱなしであった。

したがって、日本銀行は、マーケットに副作用を与えない限りで、取り得る最大限の金融政策を投入することができた。白川方明前日銀総裁の時代が、「デフレ下の安定」と肯定的に評価されることがあるのはそのためである。

こうしたなかで、野田氏は、政権末期に、消費税率の５％から８％、さらに10％への引き上げを決断した。引き上げ法案を通すために、「社会保障と税の一体改革」なるものを野党であった自民党・公明党と合意した。

野田氏は、２０１２年11月の安倍自民党総裁との党首討論で、社会保障と税の一体改革と議員定数の削減の実行を約束するのであれば、衆議院を解散すると明言した。あと少し待っていれば、超円高が解消され、株価も上昇する可能性があったにもかかわらず。

こうして、12月の総選挙で自民党が圧勝し、安倍氏は総理大臣に復帰した。おそらく、このときには、アメリカは、自民党の政権復帰に歓喜したはずである。対案もなしに、沖縄普天間基地の辺野古移転を反古にし、アメリカの軍事的世界戦略に逆らう旧民主党に辟易していたからである。

だから、自民党を応援するために、日本銀行による露骨な円安誘導政策を黙認したのであろう。アメリカも日本では、円安になると株価が上昇することを知っている。株価が上昇すれば、ひとびとは景気が回復したと錯覚し、内閣支持率が上昇する。

もちろん、当時、ドイツやＩＭＦなどから日本の円安誘導に対する批判が出された。自国通貨安誘導は、輸出に有利になり、近隣窮乏化政策であるとしてＩＭＦ協定で禁止されているからである。

当初、安倍政権下で超円高が克服されたのは、アメリカが円安誘導政策を黙認してくれたことによるものであった。

もちろん、アメリカも当時、金融緩和をおこなっていたので、いくら日本銀行が大胆な金融緩和をおこなったところで、そうかんたんには、25%や50%もの円安には転換しないはずである。円安転換は、日本企業の国際競争力の低下、デフレ下で企業がさらなる海外進出を進めるなかで、貿易赤字基調が明確になってきていたことによるものである。

安倍氏の大誤算

ところが、安倍政権が、円安・株高・景気回復を実現してくれたと「勘違い」した国民の多くは安倍政権を支持した。だから、2016年7月の参議院選挙前までの二回の国政選挙で圧勝した。ただ、安倍氏の大誤算は、三つの国政選挙での圧勝に気をよくして、15年の1年間を無為にすごしてしまったことにあった。

ほんらいであれば、きわめて難しい抜本的な成長戦略の構築・実行に専念しなければならなかったのに、「軍事大国化」への道を選択した。

すなわち、現行「憲法」下でも集団的自衛権の部分的行使が可能という閣議決定とそれを法制化した「安全保障法制」の制定に、ほぼ1年近く費やしてしまった。「失われた貴重な1年」であった。かえすがえすも残念である。

安倍氏は、経済をみずからの政治的野望のたんなる「実現手段」としてしかみていない。ここに安倍政治の致命的欠陥がある。日本銀行を「恫喝」しただけで、総裁にリフレ派を送るだけで、国政選挙において圧勝できるので、みずからは政治的野望の実現に専念した。

日銀の異次元緩和というのは、成長戦略が策定・実行されるまでの、あくまでも短期的なつなぎだということを、安倍氏はまったく理解していなかった。ただでさえ、経済成長が停止している現在、抜本的な成長戦略の構築などきわめて困難なことなのに。

自由競争下の資本主義であれば、成長戦略はマーケットが構築する。恐慌が勃発すると企業は、生き残りをかけて新たな産業を生み出し、技術を開発するからである。より多くの利益を獲得するために。ところが、1929年大恐慌以降、恐慌は勃発しなくなった。

たしかに、第二次世界大戦と米ソ冷戦下でアメリカでは、国家が軍事技術開発を主導し、ハイテク産業が登場した。その冷戦も終結し、科学技術も遺伝子組換えなどのような「神」の領域を侵犯しつつある。

2015年に民間企業を徹底的に、かつトコトン競争させれば、潜在成長率を引き上げることができただろうし、マイナスといわれている自然利子率（通常の生産と需要のもとで成立する利子率）がプラスになったはずである。政府は、経済の健全性を阻害しない範囲で、徹底的な規制緩和をおこなって、民間企業の競争を促進すればいいだけのことである。

安倍氏は、これをまったくせずに、緊急に成立させなければならないわけでもない「安全保障法制」の制定にやっきとなった。デフレ不況からの脱却という仕事は、みずからの「支配」下においた日本銀行に「丸投げ」した。

中央銀行の金融政策というのは、あくまでも政府が構築し、実行する成長戦略が有効に機能するまで、景気をもたせるつなぎの役割しか果たすことができない。にもかかわらず、もっぱら日本銀行に円安誘導と高株価維持と景気の高揚という「経済政策」遂行の役割が押し付けられてきたので、経済・金融システムと金融市場は、機能不全に陥っている。

2　安倍経済政策の第一弾

(1) 旧「アベノミクス」とは

安倍氏が２０１２年12月末に首相に復帰すると、「強い経済」を構築するという政策らしきものを提示した。「アベノミクス」の「三本の矢」といわれるものがそれである。

「第一の矢」である日銀の金融緩和だけだと、「人のフンドシで相撲をとっている」とのそしりを免れない。そもそも、政府の経済政策のはずなのに、「第一の矢」が金融政策というのはおかしい。日銀の独立性を根底から突き崩すものだからである。

そこで、政府は、旧態依然たる公共投資を続けることになった。自民党にとっては、お手のものである。公共投資（公共事業）というとネタが割れるので、もっともらしく、機動的な財政政策と呼んだ。これが「第二の矢」である。

ただ、それだけだと、やっぱり昔の自民党に戻ったと、庶民に愛想をつかされてしまう。さいわいにも、しばらくして、２０２０年の東京五輪・パラリンピック開催が決定した。オリンピック関連ということであれば、公共投資を大っぴらにおこなうことができる。古い公共投資ではないということで、「第二の矢」を質的に深化させたのかもしれない。

第一は日銀頼み、第二は公共投資だと、どこが「アベノミクス」なのかといわれるのはあたりまえである。そこで、「第三の矢」という投資を喚起する成長戦略が提示された。だが、「強い経済」を作るための成長戦略など、そんなにかんたんに練り上げられるはずもない。そもそも、現段階の資本主義では、成長が停止しているとかんがえられる。

結局は、この「アベノミクス」の「第一ステージ」の実態というのは、非常識な金融緩和と公共投資（軍備増強と武器輸出を含めて）にすぎない。だから、「大胆な金融緩和（量的・質的金融緩和、異次元緩和）」で円安になると輸出企業の収益は拡大したものの、輸入価格も上昇してきた。

もちろん、企業は、「アベノミクス」の成長戦略など、ほとんど信用していない。「強い経済」など構築できようはずもないからである。経営判断を誤ると倒産、という恐怖におののく企業は、たとえ業績がよくなったとしても、あくまでも一時的なものなので、ボーナスは多少増やすものの、よほどのことがない限りベースアップ（基本給の引き上げ）などしない。

賃金が増えないのに、円安による輸入物価の上昇と消費増税で、消費者物価だけは一時的に上昇した。これでは、個人消費が冷え込むのはとうぜんのことであろう。少なくなったお金で、必要なものしか買わないからである。

輸入インフレの進行

安倍氏は、リフレ派経済学者から、日銀に圧力をかければ、超円高とデフレ不況が解消され、消費者物価が2％に上昇し、景気が回復するはずだと吹き込まれ、それを信用したのだろう。だが、当初から、そんなことは幻想だ、と多くの経済学者が指摘していた。

ところが、ひさびさの安倍親米政権が長期政権になるのなら、とアメリカ政府は、事実上の円安誘導に目をつぶった。1ドル70円台から１００円あまりまで急激に円安になったのは、そのためである。２０１４年10月の追加緩和では１２０円まで円安になった。

かくして、輸出企業は為替差損の重荷から解放され、株価も高騰した。だが、円安の副作用はすさまじいものであった。「劇薬」だからである。

デフレ期には、資源・穀物価格が高騰していたものの、円高のおかげで輸入価格はさほど上昇しなかった。それが、25％から50％も円安になったのであるから、輸入物価が上昇するのはとうぜんのことである。

当時、消費者物価がプラスになったといわれたが、生鮮食料品はもちろん、輸入品で占められている食料品を除けば、消費者物価上昇率は依然としてマイナスであった。

２０１４年４月、消費税率が５％から８％に引き上げられた。この引き上げで消費者物価上昇率は３％あまり上昇した。輸入価格の上昇と合わせれば、３・５％もの上昇率となった。これは、まぎれもないインフレである。もちろん、１年たっておさまったが。

賃金は頭打ち、年金は減額、金利もゼロから挙げ句のはてにマイナス、福祉の切り下げのなかで、輸入品の価格が上昇する輸入インフレが進んできた。そうすると、被害を受けるのは庶民であり、生活破壊の憂き目をみる。国内市場が相手の中小企業は、売値を上げられないのに、原材料などの仕入れ値が上がり、経営危機に陥った。

これが一時は、拍手喝采された「アベノミクス」なるものの冷厳なる帰結であった。ただし、２０１５年あたりになると中国などの新興国の景気の低迷と石油などのエネルギー価格や資源価格の低下で、消費者物価上昇率が鈍化してきた。

巨額の内部留保が示すもの

消費税率が引き上げられたのに、安倍政権は、企業には、法人税などの大減税をおこなっている。昔ならば、大企業優先だとマスコミの袋叩きにあったはずである。

しかしながら、当初、安倍政権は、大企業が儲けると、そのおこぼれが庶民や中小企業などに滴り落ちて、景気がよくなるというトリクルダウン理論をふりかざした。円安になったし、株価も上がったので、ひとびとは、恩恵を受けられるようになるのを待っていた。

企業に減税をすると、その分が賃上げや設備投資にまわるはずなので、景気の高揚に有効だからということ。実際には、賃上げや設備投資は、あまりおこなわれなかった。

とくに、国際的にみても日本の法人実効税率は高いので、これを引き下げないと、世界から日本に企業が進出してこない。日本に外国企業を誘致し、経済を活性化するためには、法人実効税率の引き下げは不可欠だ、と。

もちろん、消費増税で庶民には増税となるのに、どうして企業に減税するのか、との批判が巻き起こった。

景気のテコ入れのために、企業減税をおこなうこと自体は必要なことかもしれない。利益を設備投資にまわすとか、賃上げや労働条件の向上に使えば、景気の高揚に大いに貢献するからである。外国企業も日本に進出し、雇用拡大に役立つ。

ところが、企業の抱える内部留保は、２０１４年末で３５４兆円にも上った。しかも、それまでの過去最高であった。このうちわずか１％の３・５４兆円を賃上げに投入するだけで、単純計算でも国内総生産（ＧＤＰ）はなんと０・７％あまりも増加するという。

もちろん、これほどの内部留保を賃上げに投入できないにしても、経済波及効果を考慮すればそれだけで１％以上の成長は可能かもしれない。

企業の内部留保は、２０１５年度で３７８兆円とさらに膨れ上がっている。安倍政権が登場した12年末からなんと34％増である。

どうして企業は、かくも巨額の内部留保を抱えているのに、賃上げや労働条件の向上に使わないのか。安倍氏には、不思議で仕方がないことだろう。それは、企業は、安倍政権が「強い経済」を構築して、日本経済が持続的に成長していくことに確信を持てないからである。

成長戦略といったところで、先端医療を含む医療、介護・看護や農業、労働分野くらいのものである。だが、これらには、健全経済を維持するのにある程度は不可欠な規制も多いのである。だから、企業にしても、ひとびとが老後の不安から浪費せずに、お金を貯め込むのと同じ発想になるのである。

(2) 被害を受ける庶民

異次元緩和の矛盾——預貯金金利と長期金利

日本銀行の「マイナス金利付き量的・質的金融緩和(異次元緩和)」の大きな矛盾のひとつは、デフレでなくなったとしても、長期金利が一時ゼロを突破してマイナスに陥り、預貯金金利が事実上ゼロになっていることである。

それは、いずれ消費者物価が上昇するという期待インフレ率を引き上げるためには、マネタリーベースを過去にない規模にまで膨れ上がらせなければならないからである。これは、インフレを起こして景気をよくするというリフレ派の議論である。

日本銀行が市中銀行の保有する国債などを購入すると、当該銀行が日銀に保有している当座預金勘定に代り金が振り込まれる。これと日銀券・貨幣(コイン)がマネタリーベースである。

銀行がこうして増えた当座預金を取り崩して、貸し出しなどにまわすと、企業活動が活発化して、景気が高揚するという。理論的にはその通りである。

だが、現実は、理論通りにはいかない。それが経済というものである。それにもかかわらず、日本銀行は、自然科学以外には、おこなってはならない実験を続けている。失敗したら取り返しのつかない事態が発生するにもかかわらず。

他方、日本銀行は、銀行間市場で最も期間の短い無担保コール翌日物金利（政策金利）をゼロ近辺に抑えてきた。伝統的金融政策では理論的に、この金利だけは、中央銀行がコントロールできるからである。

日本銀行が量的・質的金融緩和を続けると円安傾向になる（ただし、マイナス金利導入時にはそうはならなかった）。そうすると、どうしても輸入インフレが進んでしまう。

もちろん、消費税増税によっても消費者物価は上昇する。ただし、増税して1年たつと、増税による物価の引き上げ効果は消滅する。消費者物価上昇率というのは、通常は、対前年同月比でみるからである。

それでも、もし、消費者物価上昇率が3・5％も上昇するのであれば、日本銀行は引き締めに転換しなければならない。というのは、日本銀行が、政策金利の引き上げをおこなって、消費者物価上昇率をせめて2％あたりまで引き下げないと、預金者の預金が目減りしてしまう、すなわち損をしてしまうからである。財産権の侵害で「憲法」違反になりかねない。

ところが、日本銀行が引き締めをおこなうと景気は失速するだけでなく、円高が進んで、輸出企業の収益が激減し、株価が下落する。

消費者物価が上昇すれば、投資家は、超低金利、ましてやマイナス金利では、国債投資で損をしてしまうので、国債を売って、高金利・リスク商品に乗り換えるはずである。そうすると、国債価格が下落して、長期金利が上昇し、企業の発行する社債の金利や住宅ローン金利が上昇し、景気は低迷することになる。

したがって、国債利回り（長期金利）を低いままに据え置くためには、日本銀行が国債をひたすら買い続けるしかない。そうすれば、副作用はすさまじいものであるが、とりあえず長期金利を超低金利、さらにマイナス金利にも抑え込むことができる。

たとえ、マイナス金利で発行された国債を銀行が高値で国から購入しても、日銀がそれ以上の高値で買ってくれるので銀行は儲けられる。なんと、損失は日銀に転嫁される。

増えない賃金・年金・福祉

日本銀行が２％のインフレ目標達成のためにマイナス金利付き量的・質的金融緩和をおこなっているが、実現はかなり難しい。

デフレだと物価が低下するので、誰もすぐにはモノを買わないし、企業も設備投資をしないし、原材料を早めに仕入れることもないので景気が低迷する。だが、インフレになれば、消費や投資や在庫投資が早めにおこなわれるので景気が高揚するといわれた。

もしも、それが経済法則だとすれば、どのような要因によるものであるにせよ、たとえ消費増税でも消費者物価上昇率が3・5%になれば、景気が高揚するはずである。

ところが、有効な成長戦略の構築・実行がむずかしい現代経済では、賃金や年金が増え、預金金利が上昇し、福祉が充実しないかぎり、経済が持続的に成長することはない。すなわち、経済・賃金格差を縮小し、個人消費を拡大することが不可欠なのである。

それにもかかわらず、安倍政権は、真逆の政策をとってきた。すなわち、日本銀行に圧力をかけて円安誘導をおこなわせ、輸出企業を儲けさせ、株価を引き上げて、高額所得者の消費を拡大させてきた。企業には、大減税をおこなってきた。

業績のいい企業はボーナスを増やしているが、あたりまえである。ボーナスというのは、成功報酬だからである。そんなことは、旧民主党政権下でもおこなわれていた。

安倍政権は、わざわざ経済界に対して賃上げの要請をしている。首相に要請されて上げるくらいなら、とっくに上げているはずである。

賃上げとはいっても毎月支払われる基本給（ベース）はあまり上がっていない。そもそも、安倍政権の麻生太郎副総理が、「おれが社長だったら賃上げしない」と言い放った。

ただし、2017年の春闘まで4年連続で、輸出企業を中心に、ある程度のベースアップがおこなわれた。安倍政権に儲けさせてもらっているからである。輸出企業は、同じ数量の輸出しかしていないのに、円安のおかげでなんと5割アップの儲けを計上している。

年金支給額もデフレのときに引き下げなかったからと、インフレにしようというのに、逆に減額支給している。物価が上がっても賃金差が開けば年金をカットするという法案を採決する始末である。そもそも８％への消費増税は、社会保障と税の一体改革の一環だったはずが、社会保障改革が放置されている。むしろ生活保護や社会福祉の切り下げがおこなわれている。

3　安倍経済政策の第二弾

(1) 集団的自衛権行使の容認

安保法案の強行採決

安倍政権は、２０１４年7月、現行「日本国憲法」第9条のもとでも集団的自衛権の部分的行使が可能であるという閣議決定を強行した。これをなんとしても法制化しなければならない。そうしないと、実際に集団的自衛権など行使できないからである。

ところが、「アベノミクス」が提起されて1年半以上経過しても、いっこうに庶民の暮らしがよくならなかった。日本銀行の異次元緩和と消費増税で物価が上がるものの、そのわりには賃金が上がらなかったからである。「アベノミクス」なるものに、批判が出されるようになってきた。

安倍氏はそこで、国民がまだ景気回復の幻想を持っていたであろう２０１４年11月、突如として衆議院を解散し、12月に総選挙を強行した。「アベノミクス」の閉塞状態のなかにあっても、公的資金を使って高株価を維持させていたので圧勝した。

ところが、安倍氏は、自民党の衆議院選の選挙公約に集団的自衛権行使も入っていたのだから、これも圧倒的に信任されたと高らかに宣言した。「アベノミクス」を続けていいか、ダメか、それを問いたい、経済こそが総選挙の争点だと言ったはずなのに。

こうして、年が明けると、現行「憲法」下で集団的自衛権の部分的行使を可能とする閣議決定を法案化した「安全保障（安保）法案」の国会通過を画策した。2015年5月に安倍政権は同法案を国会に上程した。

戦後70年の首相談話では、侵略戦争への謝罪をお得意の「官僚文学」で巧妙に回避し、戦後日本の経済復興と繁栄、国際貢献と国際的地位の向上を高らかに謳い上げた。

多くの国民が反対しているにもかかわらず、2015年9月19日未明に、「安保法案」が参議院本会議でも強行採決され、成立した。

「失われた2015年」

旧「アベノミクス」の本質は、日本銀行に円安誘導を強制し、みずからは、旧態依然たる公共投資をおこなうというものである。それまでの自民党とほとんど変わらない。違いはといえば、日銀を「恫喝」したことくらいのものである。

これは、中央銀行の独立性保持は絶対不可欠、という世界の政治家の常識に完全に逆行するものである。

もしも、旧「アベノミクス」が唯一、評価されるとすれば、構築・実現が可能かどうかを別にすれば、第三の矢に投資を喚起する成長戦略を挙げたことである。

安倍氏が、みずからの野望実現のための内閣支持率稼ぎとして経済をたんなる「手段」として悪用するのではなく、国民の真の豊かさを実現することに、政治生命をかける志の高い政治家であるとすれば、２０１５年というのは貴重な1年であった。

２０１５年は、中国のバブル経済の崩壊による景気の減速が進んでいたし、アメリカでは、前年10月に量的緩和（ＱＥ）を終結し、ゼロ金利も解除されるといわれていた。だから、日本経済は、内需拡大による文字通り強い経済の構築に邁進しなければならなかった。一刻の猶予もならなかったはずである。

もちろん、賃上げや労働条件の改善、経済・賃金格差の是正、年金・福祉の充実、緊縮財政による財政健全化などに取り組めば、これからの時代に対応可能な強い経済を構築できる。しかし、現状でただちに実行し、実現するには、かなりの困難を伴う。

もしも、世上いわれているように、２０２０年東京五輪・パラリンピックを取り仕切るまで、総理大臣を続けたいのであれば、5年間のうちに強い経済を構築する現実的な成長戦略とその行程表を作り上げなければならなかった。

化石燃料から再生可能エネルギーへ大転換する地球環境保全政策など、官民あげて、広範な議論を巻き起こし、実行可能な成長戦略を構築しなければならなかった。もっとも、「パリ協定」の発効までに批准しないという大失態を演じた安倍政権では無理な話だが。

本来、資本主義では、経済・産業構造改革は、生産に携わるすべてのひとびとの英知を集め、すさまじい競争によって遂行される。安倍政権が音頭をとって、これをおこなわなければならなかった。ところが、2015年のほとんどを、現行「憲法」下でも対応可能なのにもかかわらず、国論を二分する集団的自衛権の部分的行使を「憲法」を変えずにできるとすることに汲々とした。無為にすごした代償は、きわめて深刻なものであった。

2016年に入ると中国経済を始めとする新興国の景気後退、アメリカの利上げによる景気の変調、原油価格の下落による産油国経済の低迷、中東情勢の深刻化、テロの拡大などが顕在化し、世界同時株安の様相を呈した。

「アベノミクス」なるものの破綻は明確となり、2%という非現実的なインフレ目標の実現にあくまで固執する日本銀行は、ついにマイナス金利という非常識な「金融政策」の導入を迫られた。おかげで、金融・証券市場は、メチャクチャになっている。

借金したら金利がもらえるのでは、ひとびとから勤労意欲を完全に奪い取ってしまう。借金して利子をもらって生活できるからである。返済資金は、またマイナス金利で借りて、返済すればいい。国債を発行しても、返済は、元本より少なくてよいというのでは、政府に緊縮財政努力を求めるほうに無理がある。

「失われた2015年」というのは、本当に貴重な1年であった。

(2)「アベノミクス」の第二ステージ

一億総活躍社会

「安保法案」の採決強行からわずか5日後の2015年9月24日に安倍首相は、自民党本部で記者会見し、「経済、経済、経済」に大転換することを表明した。すなわち、「アベノミクス」の第一ステージから第二ステージに移行すると。

安倍氏は、再登板から3年たって、周囲に、「経済最優先に戻って結果を出さないと改憲のハードルも高くなる」と漏らしたという（『日本経済新聞』2015年12月26日）。これは、事態の本質を赤裸々に示す本音なのだろう。

「経済優先」の合言葉が、アベノミクスの「第二ステージ」なのだろう。すなわち、止まらぬデフレ、美しい海や国土に迫る脅威、「日本を取り戻す」、この約束を実現するために、全力を尽くしてきたが、これからは、未来を見据えた新たな国作りを進めると。

安倍氏がめざすは「一億総活躍」社会である。少子高齢化に歯止めをかけ、50年後も、人口1億人を維持し、一人ひとりの日本人、誰もが、家庭で、職場で、地域で、もっと活躍できる社会を構築する。そうすれば、より豊かで、活力溢れる日本を創ることができるはずだという。

そのために、「第一の矢」（希望を生み出す強い経済）、「第二の矢」（夢を紡ぐ子育て支援）、「第三の矢」（安心につながる社会保障）、これが、希望と、夢と、安心のための「新三本の矢」だというのである。

新三本の矢

それでは、新三本の矢の中身とは、どんなものなのか。

第一の矢は、強い経済である。めざすは、「戦後最大の経済」、そして、そこから得られる「戦後最大の国民生活の豊かさ」であり、名目ＧＤＰ（名目国内総生産）６００兆円実現という目標である。

第二の矢は、子育て支援である。希望出生率１・８を実現するという。希望出生率というのは、「子どもを持ちたい」と願っているものの、経済的な理由などで実現できないひとが子どもを持ったばあいの出生率である。

育児しやすく、誰もが結婚や出産の希望をかなえることのできる社会を創り上げていけば、現在１・４程度に落ち込んでいる出生率を１・８まで回復できる。

誰でも、本人の努力次第で、大きな「夢」を紡いでいくことができる社会を創り上げる。

第三の矢は、社会保障である。社会保障制度の改革・充実を進め、とくに、仕事と介護の両立は、大きな課題である。そこで、「介護離職ゼロ」にする。

これを聞いたほとんどの国民は、劣悪な労働条件のもとで働く介護士の離職をゼロにすると勘違いした。ところが、そうではなく親などの介護のために、仕事を辞めるひとをゼロにするというものである。

三本の矢の実現時期は、名目ＧＤＰ６００兆円は２０２０年ころ、希望出生率１・８は20年代半ば、介護離職者ゼロは20年代初頭とのことである。

内閣支持率の回復

実現性はともかく、強い経済や子育て支援や社会保障の充実に反対という国民はあまりいない。だから、「安保法制」の導入から、経済に大転換したことは、安倍氏にとって、大「正解」であったことが、世論調査結果に如実に現われている。

日本経済新聞社とテレビ東京によって２０１５年11月27日から29日に実施された世論調査によれば、安倍内閣の支持率は49％に回復した。

「安保法制」は、7月に衆議院本会議で強行採決され、9月に成立したが、野党は、「戦争法案」だと批判し、連日、国会周辺で抗議行動がおこなわれた。5月に50％だった内閣支持率は、7月には38％まで低下し、いったん回復したものの、9月には40％に下落していた。

世論調査では、一億総活躍社会の緊急対策を評価するが44％で、評価しないという33％を上回った（『日本経済新聞』２０１５年11月30日）。

迫る参議院選挙対策に対する安倍氏の準備は、着実に進んでいるようにみえた。だが、東京五輪・パラリンピックまでの長期政権をめざしているとおもわれる安倍氏にとって、この新三本の矢なるものは、命取りになりかねないものである。

日本経済新聞社とテレビ東京によって２０１５年12月25日から27日に実施された世論調査によれば、「アベノミクス」を評価するは38％で、評価しない44％を下回ったからである（『日本経済新聞』２０１５年12月29日）。同様の質問は同年8月にもおこなわれたが、その調査からほぼ横ばいであった。

「アベノミクス」の第二ステージの前後で、国民の受け止め方にほとんど差がない。ようは、多くの国民が「アベノミクス」なるものに、さほど期待していないということなのであろう。

4　政治の「手段」としての経済

(1) 英雄待望論の台頭か

「英雄をもたない国は不幸だ」

ドイツの劇作家であるベルトルト・ブレヒト（1899〜1956）は、『ガリレオの生涯』で主人公にこのように言わせている。

ガリレオ・ガリレイ（1564〜1642）は、異端審問に際して、地動説を否認したが、弟子は、驚きのあまり「一人の英雄も持たない国は不幸だ」と叫んだ。この弟子は、ガリレオに死をも恐れぬ英雄的行為（地動説の肯定）を期待していた。それが完全に裏切られたからである。

英雄は、戦国時代など乱世に登場する。自由で民主主義的な時代には、英雄は必要ない。ブレヒトは、そういいたかったのであろう。

もしかしたら、安倍氏に有権者は、英雄を期待しているのかもしれない。すなわち、「特定秘密保護法」で自由が侵害されても、「朕は国家なり」とばかりに民主主義を否定しても、侵略戦争に卑屈に謝罪してきた日本を「国際社会で名誉ある地位」に据えようとしている安倍氏に、英雄の登場をみているのだろうか。

新三本の矢というアドバルーン

新三本の矢の核心は、第一の矢の強い経済のはずである。強い経済が構築されてこそ、子育て支援・福祉充実が可能になるからである。

だから、強い経済は「矢」かもしれないが、子育て支援や福祉充実は「的」、すなわち政策目標なのである。安倍氏は、「矢」と「的」を混同していると批判されている。だが、安倍氏は、けっして混同しているわけではない。

安倍氏の「的」は、国政選挙の大勝利によって「憲法」改正（改悪）に突き進む、この一点にあるからである。

そもそも、強い経済を作るはずの旧三本の矢なるものによって、日本経済は深刻な副作用に見舞われている。旧三本の矢によって強い経済を構築するためには、しっかりとした成長戦略が絶対不可欠であった。日銀の金融政策や財政出動は、成長戦略が策定・実行され、自律的に経済が成長するまでのあくまでもつなぎにすぎない。

だが、異次元緩和は日銀の非伝統的金融政策であって、安倍政権のやったことといえば財政出動だけである。成長戦略もどきのものを発表するたびに、マーケットに実効性を見透かされて、かえって株価が下がった。だから、２０１４年10月から、年金積立金管理運用独立行政法人（ＧＰＩＦ）など公的資金による株価引き上げ策を断行したのかもしれない。

そもそも持続的に経済を成長させる戦略というのは、もはや現代資本主義では存在しないとかんがえられる。

いくら安倍政権の基盤が強いといっても、医療・農業・労働分野での岩盤規制なるものを突き崩すことは至難のワザである。というよりも、そもそも、これらの規制には、国民生活や健全経済のために不可欠であって、緩和してはならないものが多い。

成長戦略を策定・実行できないので、もっぱら日銀の金融政策と財政出動、株価引き上げ策に頼って、高い内閣支持率を確保してきたのが安倍政権なのである。

旧三本の矢による副作用が目立ってくると、新たな「矢（的）」が必要になった。それが、実現可能なのであれば、誰も反対などするはずのない子育て支援・福祉充実なのである。

(2) いいかげんな選挙対策

達成不能の新しい矢

現状の日本で子育て支援や福祉を充実するには、分配の方式や分配比率を変えるしかない。すなわち、大企業や高額所得者（金持ち）や高額報酬を懐に入れる企業役員に対する課税を強化して、子育て支援と福祉の充実に振り向けるということである。

だが、安倍政権は、大企業に儲けさせて、そのおこぼれをひとびとに分け与えるという「トリクルダウン」なる、破綻した考え方に固執してきた。日銀による円安誘導で輸出企業に儲けさせ、法人税減税などを推し進めてきた。

これが、安倍政権のいうところの「強い経済」である。旧三本の矢でもできなかったことを前提にしているので、子育て支援や福祉充実など実現できるはずもない。

2020年度末までに名目GDP600兆円を実現するには、毎年3％の名目成長率が必要である。そもそも、1990年の不動産・資産バブル崩壊以降、一度も3％の経済成長率など達成したことがない。企業に努力目標を課したのかもしれない。

しかも、政府は、2016年度の政府経済見通しで、名目GDPの成長率を3・1％のプラスにした。民間調査機関の予測の平均は名目2・1％であるにもかかわらず。GDP600兆円の実現のために0・1％おまけしただけだろう。はじめから3％を下回ったら化けの皮が剥がれるからである。

こうしたなかで、内閣府はウルトラCを打ち出した。

2015年度の名目GDPを532兆2000億円と発表した。ほんらいであれば、500兆6000億円なのに、研究開発費などを加算した結果である。ゲタをはかせることで600兆円をなんとしても達成しようとするものである。

希望出生率にいたっては、1・8まで引き上げても50年後に人口1億人を達成できない。男女の親200人が180人の子どもを持つということだからである。目標にすらなっていない。

保育園入園の待機児童ゼロ、仕事と育児の両立、非正規雇用の正規雇用化などが不可欠である。「結婚して子どもを持てるだけの給料を」という非正規雇用の若者に、正規雇用への道を開くことが1・8の大前提である。

フランスやスウェーデンなどは、落ち込んだ出生率を2程度まで回復させた。この事例を真摯に検証し、できることを実行しなければならないのに、2015年の1年間をムダにすごした損失は大きい。

介護離職ゼロでは、特別養護老人ホームへの待機老人52万人をゼロにしなければならない。2025年には、38万人の介護職員が不足する。賃金の大幅引き上げと労働条件の改善が不可欠である。子育て支援や福祉の充実には、膨大な財政資金が必要とされる。できもしない「強い経済」を構築するという幻想のもとでは、実現などできようはずもない。

ところが、なんとしても子育て支援・福祉充実を国民に「実感」させなければ、2016年7月の参議院選挙で勝利できない。参議院で改憲勢力が三分の二以上の議席を確保しなければ、悲願の「憲法」改正（改悪）の発議ができなくなってしまう。

そこで、2016年度予算は、子育て支援・福祉充実を配慮するとして、参議院選挙を意識したバラマキ予算となった。財源さえ確保できれば、子育て支援などを充実することはいいことである。しかしながら、低所得の年金受給者など150万人に3万円を給付するというのは、露骨な参議院選挙対策だったろう。

GDP600兆円という目標

2016年度の政府経済見通し3・1%、新第一の矢は目標通りである。20年度まで3%目標で突っ走るのだろう。それが安倍氏の悲願だからであるが、じつは、国内総生産（ＧＤＰ）６００兆円というのは、マジックを使えばさほどむずかしいことではない。

２０１５年の年末、政府と日銀から相次いで景気のいい試算が発表されたからである。もっぱら、政府の「経済政策」を遂行している日本銀行は、２０１５年12月に東京五輪・パラリンピック開催に伴う経済効果を、14年から20年にかけて累積25～30兆円になると試算した。２０２０年に３３００万人に達する見込みの外国人観光客の消費や関連する建設投資の増加などを見積もったものである。建設投資がピークを迎えると見込まれる２０１８年には、実質ＧＤＰを14年と比べて約１％押し上げる効果があるという。

この見通しは、訪日客がそんなに増えるかはともかく、ＧＤＰ１％引き上げについてはさほど間違ってはいないだろう。それだけの大盤振る舞いがおこなわれるはずだからである。

政府は、２０１５年12月に環太平洋経済連携協定（ＴＰＰ）の発効に伴う経済効果の資産効果を公表した。

貿易の拡大による生産性の向上で、ＧＤＰを実質的に約14兆円、成長率で２・６％押し上げるとともに、80万人の新規雇用を生むという。

政府がＴＰＰ交渉に参加する前の２０１３年３月に示した試算では、ＧＤＰの押し上げ効果は３・２兆円、農林水産物の生産額は３兆円減少するので、ほとんど経済効果はないはずだった。いつの間に経済効果が膨れ上がったのだろうか。

このふたつの試算がその通りになれば、東京五輪・パラリンピックで最大30兆円、TPPで14兆円、計44兆円がGDPに上乗せされる。ところが、トランプ米大統領は、就任直後にTPPから離脱する大統領令を出した。

さらに、安倍政権にはウルトラCがあった。GDPにはカウントされていなかった企業の研究・開発費などを含めることである。そうすると20兆～30兆円かさ上げされるという試算もあった。事実、2015年度の名目GDPは532兆2000億円に膨れ上がった。

そもそも、GDPというのは、国内で生み出された付加価値の合計である。研究・開発費が実際に生産の拡大に結実してはじめてGDPの増加に貢献するはずである。

安倍政権は、なんとしても新第一の矢を実効あるものにする必要がある。安倍氏の野望実現のために。だから、無理やり目標に現実を合わせる。数字で示せば、「アベノミクス」成功と国民にアピールできるからである。

こうして2020年には、GDPは最大74兆円増える。安倍氏は、「アベノミクス」は見事に成功したと内外に宣言するのだろうか。

第2章　アジアから排除されるか、日本

1　日本包囲網と戦後70年談話

(1) 進む日本包囲網

靖国参拝という「塩」

安倍氏は、就任以来、積極的な外国への訪問外交をおこなってきた。アジアでは、安倍氏に強硬に反発する中国と韓国を除く国々を頻繁に訪問してきた。それは、中韓包囲網の構築のためであるとかんがえられる。

しかしながら、2013年12月の安倍氏の靖国参拝を契機に中韓は反撃に転じた。それまでは、あまりにも露骨な反日を繰り広げる韓国には、国際的な反発が出ていた。そろそろ、矛を収めて首脳会談をしなければとなっていた。

中国は、2013年11月の一方的に、日本に喧嘩を売るような防空識別圏の設定に対して、アメリ

カだけでなく各国からも批判され、国際的に孤立しつつあった。

この孤立しつつあった中韓に事実上の「助け船」を出したのが、安倍氏の靖国神社参拝の強行だった。なんと「敵」に塩を送ったのである。安倍氏の外交音痴のなせるワザであったのだろう。従来であれば、現役首相が靖国参拝を強行すれば、中韓では、すさまじい反日デモが燃え広がったはずである。

反日デモを抑え込んだ中国

だが、不思議なことに、現職総理大臣である安倍氏が靖国参拝をしても、とくに中国の対応が以前とくらべて「冷静」だった。それは、中国政府が反日デモを抑え込んだとおもわれるからである。

もちろん、中国での激しい反日デモが、反中国共産党デモに飛び火するのをなんとしても回避する必要があったからであろうが、どうかんがえても、それだけだともおもえない。

アメリカはじめヨーロッパからも靖国参拝への批判が噴出したので、中国国内でわざわざ騒ぐ必要がないと判断したのかもしれない。中国は、日本というのは、侵略戦争を反省しないばかりか、正当化するような国、近隣諸国との互恵関係を踏み潰すような国だ、という国際世論を醸成しようとしたのだろう。

アジアの統合から日本を追い出して、中国がASEAN《アセアン》（東南アジア諸国連合）諸国などを取り込んでアジアの地域統合を推進すれば、その経済的果実を独占できる。経済・技術力では、なかなか日本に勝てない中国は、日本が邪魔だろう。

異常ともいえる高度経済成長が終息した中国は、軍拡と並んで、このような長期的な成長戦略を構築しているとかんがえられる。もちろん、中国の指導部が確信しているともおもえないが、現体制を維持することが絶対命令になっているので、真剣なのである。

中国では、反政府抗議行動が激しくなっているが、警察力や武力だけで、なかなか鎮静化させることはできない。激しい弾圧をすると国際世論が反発するからである。しかも、圧倒的多数のひとびとが立ち上がると、人民軍は、人民に発砲できなくなってしまう。

そうであるとすれば、アジアを自国の「経済圏」にして、経済を成長させて、国民の生活水準を引き上げるしかない。

こうしたなかで、２０１６年12月29日に稲田防衛大臣が、現職防衛相としてはじめて靖国神社に公式参拝をおこなった。ただちに、中国・韓国政府が抗議声明を出した。トランプ政権が反中国姿勢を示すなかで、日本にケチをつける絶好の機会を与えたことになるかもしれない。

（2）戦後70年談話

談話の内容

２０１５年８月14日、安倍首相は、戦後70年談話を閣議決定し、発表した。

１９９５年当時の村山富市首相による戦後50年談話、２００５年当時の小泉純一郎首相による戦後

60年談話では、植民地支配、侵略、痛切な反省、お詫びというキーワードが盛り込まれていた。しかし、戦後レジームからの脱却を掲げる安倍氏は、歴代内閣の立場を全体として継承するものの、お詫びをするばかりではなく、未来志向の談話にすると明言していた。そのため、中国や韓国ばかりか、アメリカまでも、これらのキーワードを入れた70年談話になるかどうかに注目していた。

70年談話では、次のように述べられている。

事変、侵略、戦争。いかなる武力の威嚇や行使も、国際紛争を解決する手段としては、もう二度と用いてはならない。植民地支配から永遠に決別し、すべての民族の自決の権利が尊重される世界にしなければならない。

我が国は、先の大戦における行いについて、繰り返し、痛切な反省と心からのお詫びの気持ちを表明してきました。

このように、戦後70年談話には、四つのキーワードが網羅されている。だから、中国からも韓国からも激しい批判が出されなかっただろうし、アメリカなどからは好意的なコメントが寄せられた。おかげで、下がり気味だった安倍政権の内閣支持率も、7月の37・7％から8月15・16日には43・2％に上昇した。戦後70年談話を評価するという回答は44・2％で、評価しないは37・0％で、評価する意見が上回った（『東京新聞』２０１５年８月16日）。

お詫びはしたのか

諸外国にも、日本国民にも、ある程度評価されたこの70年談話のレトリックは、じつに見事なものである。当初、安倍首相は、お詫びという言葉を入れることには、慎重な態度をとっていたが、ふたを開けてみるとお詫びも含めて四つのキーワードがすべて入っていた。ところが、よく見てみると、安倍氏の言葉では語られていないことがわかる。

すなわち、この四つのキーワードが出てきた後に、「こうした歴代内閣の立場は、今後も、揺るぎないものであります」と、村山氏や小泉氏の立場を継承すると表明しているだけなのである。

村山談話は、「植民地支配と侵略によって、……アジア諸国の人々に対して多大の損害と苦痛を与えました。……ここにあらためて痛切な反省の意を表し、心からのお詫びの気持ちを表明いたします」と、村山元首相は、みずから総理大臣としてお詫びをしている。

天皇陛下は、８月15日の全国戦没者追悼式において、「ここに過去を顧み、さきの大戦に対する深い反省と共に、今後、戦争の惨禍が再び繰り返されぬことを切に願い、……世界の平和と我が国の一層の発展を祈ります」と、陛下ご自身のお言葉を述べられている。

謝罪の「終了」

安倍氏の記者会見を聞いたが、その見事なレトリックに驚嘆するとともに、ドイツでの「名演説」といわれるリヒャルト・フォン・ワイツゼッカー（1920〜2015）演説のある文言を思い出した。当日の記者からも、同演説を念頭に置いたものかという質問が出された。

それは、次のような文言である。

日本では、戦後生まれの世代が、今や、人口の八割を超えています。あの戦争には何ら関わりのない、私たちの子や孫、そしてその先の世代の子どもたちに、謝罪を続ける宿命を背負わせてはいけません。

もちろん、続いて、「それでもなお、私たち日本人は、世代を超えて、過去の歴史に真正面から向き合わなければなりません」と述べられているが、これは、歴史の事実として捉えるということであって、真摯に謝罪するということではないであろう。

同じような文言がワイツゼッカー演説に出てくる。

今日の人口の大部分はあの当時子どもだったか、まだ生まれてもいませんでした。この人たちは自ら手を下していない行為について自らの罪を告白することはできません。……老幼いずれを問わず、われわれ全員が過去を引き受けねばなりません（リヒャルト・フォン・ヴァイツゼッカー著、永井清彦訳『新版　荒れ野の40年』岩波書店、２００９年）。

ワイツゼッカー演説は、過去と向き合うことの重要性を述べているのであって、若いひとも謝罪を続けなければならないとは言っていない。

安倍談話は、お詫びは、小泉談話で終わりだという宣言のように読み取れる。日本は、村山談話にあるように、「わが国は、遠くない過去の一時期、国策を誤り」、侵略戦争への道を歩み、多大の損害と苦痛を与えたという立場を堅持すべきである。

さもないと、損害と苦痛を与えたほうは、いまや世界屈指の「経済大国」となっているのだから、そろそろ謝罪はいいだろうということになる。しかし、受けたほうは、損害と苦痛は忘れられるものではない。

したがって、これからも国家として、東アジア諸国に対する侵略について真摯に謝罪し続けなければならないとおもう。ワイツゼッカー演説にあるように、日本人の「だれもが過去からの帰結に関わり合っており、過去に対する責任を負わされて」いるからである。

2　中国の軍事的・経済的戦略

（1）軍事力の強化

「高等」戦術を駆使する中国

侵略戦争をほとんど反省しないばかりか、侵略戦争を肯定・正当化するかのごとき安倍氏は、もはや高度成長ができなくなった中国にとって、なんとも都合のいい人物なのかもしれない。

しかしながら、反日抗議行動がいつ政権批判に転化するかわからない現状では、国内問題を外に向けさせるには、かなりの「高等」戦術を駆使しなければならない。戦術を間違えると、共産党はもちろん、中国という国家そのものが崩壊しかねないからである。

そのために次のような戦術を使うと考えられる。

ひとつは、中国国内で官僚や政治家の汚職、経済・地域格差への抗議行動が激しくなったら、日本を悪者にしてひとびとの目を外に向けさせることである。

もうひとつは、アジアだけでなく、国際世界に、日本という国は、歴史を歪曲するひどい国だとアピールすることである。たとえば、２０１６年12月の稲田防衛大臣の靖国参拝は絶好の材料である。

中国の外交戦略は、かつての韜光養晦《とうこうようかい》（実力が十分でないのに、相手を威嚇するような態度をとらない）から奮発有為（奮起して成果を上げる）路線に転換し、より積極的になってきているようである。

その転機となったのは、安倍氏の靖国参拝なのかもしれない。南京大虐殺哀悼日設定の動きはその一環なのであろう。対日キャンペーンを世界各国で繰り広げることで、日本を牽制し、孤立させるのが、中国の戦術とかんがえられる。

事実、安倍氏の靖国参拝では、日本とアメリカの間で微妙な温度差がみられた。アメリカからすれば、靖国参拝などしなくてもいいではないか、中国とことをかまえないでくれ、というのが本音であろう。いままた防衛大臣の靖国参拝である。

中国の軍事力強化

バブルが崩壊した中国で、7％あまりの経済成長を持続するためには、経済・産業構造の大改革、とりわけ格差縮小による個人消費の拡大が必要であるが、現状の体制では不可能である。だから、2016年3月に開催された全国人民代表大会で、6・5％から6・7％の経済成長と目標が少し下げられたのであろう。

それでもこれだけの成長を実現しようとすれば、バブル崩壊以降、住宅建設や固定資本投資で経済成長を主導してきた現状の中国にとって、アジアへのインフラ投資とともに軍事力強化、すなわち軍拡による「準戦時体制（戦時体制ではない）」の構築が最も適合的である。

こうした戦略に基づいて、中国は、アジアを中心に経済的な対外進出を進めるとともに、軍備拡張による経済成長をめざしている。軍備の増強は、経済的な支配権獲得のための大前提だからである。

2015年12月、中国国防省は、「中国初の国産空母を建造している」ことを正式に発表した。三隻目の空母を建造中である。すでにウクライナから鉄屑用に購入した空母「遼寧」が空母運用・発着訓練をおこない、実戦配備されている。

いずれ、中国では、三つの「空母打撃群（もどき）」が運用を開始することになろう。三「打撃群」があれば、ひとつは遠洋航海、もうひとつは沿岸での訓練、三つめは修理や装備の強化などができる。

ただ、まだ爆弾などをフルに搭載した戦闘攻撃機を離陸させるカタパルトの製造・運用・整備技術はない。しかも、建造中の空母は、排水量5万トンの通常動力装置によるもので、アメリカの原子力空母にはとうていおよばない。

(2) 経済的地位の向上

シルクロード経済圏の構築

国連分担金委員会によれば、2016年から18年の通常予算で中国は、日米に続いて三位である。それでも、日本の分担比率が13年から15年で10・83%から9・68%に低下しているのに、中国は5・15%から7・92%に上昇しているという。日本の過去最高は、2000年の20・57%であった。

国連平和維持活動（PKO）では、中国の台頭がさらにめだっている。PKOの2016年予算の比率の試算では、第一位がアメリカで28・57％、二位が中国で10・29％、三位が日本で9・68％である。日本は、2015年に10・83％から低下したのに、中国は6・64％からはね上がっている。しかも、日本は、15年の第二位から三位に転落した。

中国が国際舞台で台頭するなかで、中国財務省は、アジアインフラ投資銀行（AIIB）が2015年12月25日に正式に発足したと宣言した。この銀行は、中国の習近平国家主席が13年10月に設立を提唱したもので、アジア太平洋地域のインフラ整備などに融資している。

規程により、AIIBに参加を表明した57カ国のうち、批准した国が、中国、イギリス、ドイツなど17カ国となり、出資額の50・1％に達したことによるものである。

AIIBは、中国が主導的に運用する初めての本格的な国際金融機関であり、しかも、中国が議決権の26％を保有して、重要な案件での拒否権を有している。AIIBは、意思決定の過程や審査基準が不透明なばかりでなく、人権や地域社会の意向を無視して、環境破壊をもたらすような融資を拡大する懸念があるとして、日本やアメリカは参加していない。

日本とアメリカの不参加は、中国にとっては都合のいいもので、最初から狙っていたのかもしれない。ドイツやイギリスが参加すれば、AIIBの格付けが向上するし、技術も取り入れることができる。なによりも、日米と英独を分断することができる。

これからの中国の成長戦略は、陸と海のシルクロード経済圏の構築であって、そのために、どうしても強力な軍事力が不可欠である。逆にいうと、軍拡によって超軍事大国化し、軍事力を背景に強大なシルクロード経済圏を構築するというのが主要な成長戦略である。

安倍氏ほんらいの成長戦略も軍拡・武器輸出であろうが、現実性はともかく、中国のような巨大経済圏構想のないところに、致命的欠陥がある。これからは、欧州連合（ＥＵ）のようにいかに広大な経済圏を構築するかが、政治的・経済的生き残りの前提条件となるからである。

もちろん、シルクロード経済圏の構築が可能かどうかは別問題である。とはいえ、中国から中央アジアを経由して、中東にいたる鉄道・道路・港湾整備という壮大なインフラ整備がおこなわれる。これが「一帯一路」といわれるものである。

シルクロード経済圏こそ、バブル期に膨れ上がった国有企業の過剰設備から生み出されるとりわけ鉄鋼の処理先であり、その資金的基礎は膨大な規模に膨れ上がっていた外貨準備である。

シルクロード経済圏の安全を確保するのは、中国人民解放軍である。この間、海洋進出のために海軍を増強してきたが、そのおかげで兵力削減の憂き目にあってきた陸軍の出番である。長い陸路の安全を確保できるのは陸軍だからである。

こうして、堂々と軍備の増強ができる。なんとも巧妙な恐慌回避策である。

中国元の国際化

経済力強化のために、実体経済面とともに、通貨・人民元の国際化も進めている。

国際通貨基金（ＩＭＦ）は２０１５年11月に、16年10月から中国元を特別引き出し権（ＳＤＲ）の構成通貨のひとつに加えることを決定した。ＳＤＲというのは、通貨の請求権であって、加盟国が資本収支危機などに見舞われたとき、ＳＤＲと引き換えに、ドルやユーロや円などを入手して、外貨の資金繰りをおこなうことができるというものである。

もちろん、ＳＤＲの構成通貨に加えられても、人民元の国際的取引がすぐに活発化するとか、使いやすくなるというわけではない。それでも、外国政府での外貨準備に組み込まれたりすることで、世界の外貨準備に占める人民元の比率は、１％あまりから、10％あまりにも上昇するのでは、ともいわれている。人民元の決済通貨としての役割がさらに高まるということである。

構成比率は、米ドルが41・７３％、ユーロが30・９３％、人民元が10・９２％、日本円が８・３３％、イギリス・ポンドが８・０９％で、日本円は、それまでの第三位から四位に転落した。

ＩＭＦの構成通貨に人民元が組み込まれたことで、とりわけアジアで決済通貨として使われるようになれば、アジアにおいて人民元経済圏が登場する。そうすれば、中国は、財・サービスの取引で、自国通貨で決済できるようになる。

中国は、人民元経済圏を事実上、「自国マーケット」にできる。経済圏内部では、人民元が流通しているので、為替リスクがないからである。しかも、中国は、経済圏内での支払いは、中国の銀行の負債（自国通貨）で決済できる。これが基軸通貨である。ということは、モノやサービスを購入してもお金がかからないということである。人民元は、中国人民銀行が輪転機で刷ればいいだけである。

かくして、はやばやと人民元を２０１６年から法定通貨として本格的に使用する国が現れた。激しいインフレで自国通貨を廃止したアフリカ南部のジンバブエである。

２００９年から米ドルや南アフリカ・ランド、14年には日本円のほか、当の人民元も法定通貨に加えていた。だが、実際には、主として米ドルが流通していたという。両国の中央銀行をつなぐ決済システムの導入も検討されている。

3　従軍慰安婦問題

(1) 従軍慰安婦問題の決着

安倍氏は、戦後70年談話では、従軍慰安婦の問題について、直接言及しなかった。そこで、２０１５年12月28日に日本と韓国の外相は、従軍慰安婦問題について、「最終的かつ不可逆的な解決」で合意した。それは、次の通りである。

旧日本軍の関与のもと、多数の女性の名誉と尊厳を傷つけた問題として、日本政府は責任を痛感する。

安倍首相が、心からお詫びと反省の気持ちを表明する。

元慰安婦を支援するため韓国政府が財団を設立し、日本政府は10億円程度の資金を一括拠出する。

世界各地に設置された慰安婦少女像の扱いは、韓国政府が関連団体との協議を通じて、解決にむけ努力する。

これが合意の概要である。

（2）日韓での異論

いままで、安倍氏は、慰安婦についての日本軍の関与を認めてこなかったはずである。それを一転して認めている。だが、日本政府の責任は、法的なのか、従来通り道義的なのか、明言されていない。どちらとも解釈できる合意だろう。

慰安婦少女像のあつかいは、努力目標とされており、関連団体が撤去することはない。逆に、2016年の年末には、釜山の日本総領事館前に新たに設置された。

2015年の年末ギリギリに合意にこぎ着けたのは、アメリカの意向が強く働いたからだといわれている。韓国は、そろそろ日本との関係を正常化しないと、経済の立て直しもできないと判断したとおもわれる。だから、韓国国内で、反発も出てきている。

安倍氏にも多くの抗議がきたという。旧日本軍の関与を認めたからだろう。

ここで、安倍氏が、旧日本軍の関与を認めたうえで、心からお詫びと反省の気持ちを表明したことは、率直に評価しなければならない。日韓関係の改善に不可欠だということもさることながら、日本の戦争責任・戦後責任をはたすことだからである。

こうしたなかで、2016年10月に韓国の朴槿恵《パククネ》大統領の情報漏洩事件が明るみに出て、大統領が弾劾され、職務停止となった（のちに罷免）。韓国との諸問題がどのように展開するか、予断を許さない状況になってきた。そうしたなかで、少女像は、国外でも新たに設置されている。

4　アジアの日本

(1) アジアの一国としての日本

戦後の日本の高度経済成長は、アメリカの国際戦略に組み込まれる形で達成され、高度経済成長が終息すると、欧米のマーケットに進出することによって経済成長を持続することができた。金融セクター主導の経済成長を促進した不動産・資産バブルが崩壊すると、日本企業は、低賃金を求めて中国を始めとするアジア諸国に生産拠点を移した。

高度経済成長から不動産・資産バブルまでは、日本企業は、欧米のマーケットに依存していたので、アジアについては、ほとんど考慮する必要はなかった。ヨーロッパにおけるドイツのように、中国に政治・軍事を依存する形で、アジアの統合に参画する必要もなかった。

１９９０年代初頭に不動産バブルが崩壊して、アジアに生産を依存するようになったが、あくまでも低賃金労働者を「借りる」ものにすぎなかった。日本企業の生き残りのためであったからである。ここまでは、たんなる「アジアの一国としての日本」にすぎなかった。

ところが経済・産業構造が大転換するなかで、日本は、アジアの経済統合に参加していかなければならなくなってきている。

ときあたかも２０１５年12月31日、東南アジア諸国連合（ＡＳＥＡＮ《アセアン》）が経済統合を開始した。まさに、いまや「アジアの一国としての日本」から、ドイツのように、「アジアで協調する日本」に深化していかなければ、日本の生き残る道はない。

（２）アジアで協調する日本へ

日本はどうあるべきか

解釈改憲を含めて「憲法」改悪は、日本が「戦争をしない国」から、「戦争をする国」に大転換することであり、アジア諸国はそのように受け取り、警戒心を強めていくであろう。しかも、安倍政権は、自衛隊の軍隊化、言論統制、教育の国家統制、共謀罪の法制化などを進めている。

第二次世界大戦の戦争責任・戦後責任をとることによる過去の克服を放棄し、「軍国主義化」する日本の脅威をアジア諸国が警戒するようになれば、日本は、アジアの統合から完全に排除される。

南シナ海でのベトナムなどとの衝突で、どうなるかは不明であるが、経済的恩恵は、中国が享受することになるかもしれない。中国が、経済を成長させるためには、軍事力の拡大とみずからの経済圏を確立・拡大していく道しか残されていないのである。

ＴＰＰの挫折

安倍政権は、環太平洋経済連携協定（ＴＰＰ）を成長戦略のかなめとかんがえて、２０１６年11月に国会で強引に批准させた。ときあたかも、アメリカでは、大統領選挙の真っ最中であった。トランプ氏は、大統領選挙の最中からＴＰＰ離脱の姿勢を崩さなかった。

安倍氏は、トランプ氏当選後、11月17日にいちはやく駆けつけ、ＴＰＰの重要性を訴えると意気込んでいた。安倍氏が、ほんとうに説得したかは定かではない。ただ、安倍・トランプ会談がおこなわれたわずか4日後、トランプ氏は、大統領に就任初日の２０１７年1月20日にＴＰＰから脱退すると明言し、実際に脱退した。ここにＴＰＰの命運は尽きた。

トランプ大統領は、二国間協定を中心に進めていくことにしており、日本に農産物の全面自由化などの無理難題をふっかけてくることは明らかであろう。

第3章 神の「見えざる手」への挑戦

1 資本主義の特徴

(1) 資本主義とはなにか

アダム・スミス（1723〜1790）は『国富論』などにおいて、経済が成長することについて有名な「見えざる手（ar. invisible hand）」という言葉を使って、次のように主張した。

個人は、「一般に公共の利益を推進しようと意図してもいないし、どれほど推進しているかを知っているわけでもない。……彼はただ彼自身の儲けだけを意図しているのである。彼はこのばあいにも、……みえない手［見えざる手］に導かれて、彼の意図のなかにまったくなかった目的を推進するようになる」（以下、（1）の引用は水田洋監訳、岩波文庫、2000年より）。

ようするに、「自分自身の利益を追求することによって、彼はしばしば、実際に社会の利益を推進しようとするばあいよりも効果的に、それを推進する」。

このことをよく引用される次のような例え話を挙げて論じている。

「われわれが食事を期待するのは、肉屋や酒屋やパン屋の慈悲心からではなく、彼ら自身の利害にたいする配慮からである。われわれが呼びかけるのは、彼らの人類愛にたいしてではなく、自愛心にたいしてであり、われわれが彼らに語るのは、けっしてわれわれ自身の必要についてではなく、彼らの利益についてである」。

ようするに、それぞれの生産者が他人のことなどまったく考慮せずに、自分の金儲けを一心不乱に追求すれば、神の「見えざる手」が働いて、経済が成長していくということなのである。

したがって、「自分の状態をよりよくしようとする各個人の自然の努力が、自由にかつ安全を保障されて、実行を許されるならば、きわめて強力な原理であって、それだけでなんの助力もなしに、社会を富と繁栄に導くことができる」として、国家の経済過程への干渉を不要としている。

(2) 市場経済の非人間性

資本主義は、徹底して競争原理が機能する市場経済によって成長してきた。生産されたモノや提供されるサービスが、売れるか、売れ残るかは、生産者と消費者が向かい合うマーケットに出されて決まるというのが、市場経済である。生産者が市場に出して、消費者に選んでもらう。それは、よくみられる朝市などと同じである。

したがって、提供されたモノ・サービスがすべて売れることは、まれであるし、供給が需要を生み出すという考え方も、現実的に間違っている。

ただし、ヨーゼフ・シュンペーター（1883〜1950）がいうように、それまでになかったようなモノで、皆ほしがるようなものが生産されマーケットに出されれば、供給が需要を生む。スマートフォンなどがそうである。だが、そんなことがいつでも可能ではない。とにかく、同業者よりもよりよいモノをより安く作って、マーケットに出さなければならない。

ただ、よりよい、より安いから売れるのであれば、まだ楽である。そうともかぎらないところに、市場経済の難しさがある。あまりよいものでもないモノが売れることもあるからである。ようは、消費者の好みに合うかどうかなのである。

とにかく、売れると見込まれるモノをマーケットに出し続けなければならない。とうぜんのことながら、すべて売れるわけではない。売れれば儲けるが、売れなければ大損するし、売れ残りは捨てなければならない。このように、資本主義市場経済というのは、厖大な無駄を大前提とした「効率性」のうえに成り立っている。

とことん売って金儲けしようとするので、大量生産・大量消費・大量廃棄によって、資本主義は「理想的」に成長する。だが、その冷酷なる帰結は、地球環境と人類の絶望的矛盾である。

資本主義経済では、企業経営者（資本家）は、とことん儲けなければ生き残れない。決して贅沢三昧のためではない。熾烈な競争に勝つためには、よりよいモノを安く作るように、新たな生産性の高い設備を導入しなければならないからである。

ブラウン管のテレビで儲けていても、液晶テレビが出てくれば売れなくなる。その日を正確に展望して研究・開発を進めなければ、いかなる優良企業であったとしても一夜で消え去ることがある。

市場経済は、きわめて「効率的」である。本来、「怠け者」である人間が、ムチでたたかれなくても、自主的に一心不乱に金儲けに走るからである。競争で負けたら、路頭に迷う。へたをすれば命も失う。にもかかわらず、自己責任なので、誰も同情しない。そうなりたくなければ、競争に勝てというのが、アダム・スミスのいうところの神の「見えざる手」である。

このような、資本主義の本質である「非人間性」が貫徹するのは、熾烈な競争にさらされている企業経営者や資本所有者たる資本家に対してだけではない。資本家は、なんとしても競争に勝ち抜こうとして、徹底的なコスト削減をおこなう。そのため、とりわけ労働コストは極限まで切り下げられることになる。

こうして、資本主義経済は成長してきた。ところが、安倍氏は、この市場経済メカニズムに土足で踏み込んでいる。

2　政府の企業経営への介入

(1)　賃上げ要請する安倍政権

経済界への賃上げ要請

安倍氏は2015年11月5日、首相官邸で開催した「未来投資に向けた官民対話」で、「アベノミクス」がめざしている強い経済を構築するために、経済界に対して、賃上げの継続と設備投資の拡大をあらためて要請した。

この対話で安倍氏は、「投資の本格化に加え、しっかりした賃上げがおこなわれなければ、経済の好循環は実現でき」ないと訴えた。そして、こともあろうに、11月下旬の次期会合でその見通しを示すように求めた。すなわち、「産業界としての方針をお示しいただきたい」と。

もちろん、経済界も黙ってはいなかった。榊原定征経団連会長は「住宅や、乗用車取得時の税金引き下げ」、小林喜光経済同友会代表幹事は「医療分野の規制改革」を要求した。もちろん、経済界は、法人実効税率の20％台への早期引き下げを求めていた。

経団連の集計によると２０１５年春の賃上げ率は２・５９％で、妥結額は、17年ぶりに８０００円を突破した。政労使会議での安倍政権の要請に基づいて、経団連は３年連続で賃上げをおこなった。しかも、賃上げ率は、２０１４、15年と連続して２％を超えた。ただし、年齢におうじて給与が上がる定期昇給が中心で、給与（基本給）を一律で引き上げるベースアップ分は０・７％程度にすぎない。

いずれ景気後退に陥ったとしても、ベースアップ分を引き下げることはできないからである。すさまじいコスト負担になり、倒産する可能性も出てくるような経営判断を、政権の要請だからとおいそれと引き上げられるほど、企業経営はあまくはない。

にもかかわらず、安倍氏は、２０１６年11月16日に官邸で開催した働き方改革実現会議で、17年春闘に関して、「少なくとも今年並みの水準の賃上げを期待している」と２％以上の引き上げを経済界に求めた。さらに、ベースアップについても「実施をお願いしたい」と異例の要請もおこなった。同会議に出席していた榊原経団連会長は、一時金を含む賃上げには、前向きに取り組む考えを提示したが、ベースアップについては、会員企業には、「強く要請する状況ではない」と難色を示した。

本来であれば、労使で決める賃上げを総理大臣が直接求めるという「官製春闘」は、じつに四年連続となる。個人消費が冷え込み、米トランプ政権の誕生で世界経済が渾沌とするなかで、いいかげんにしてくれというのが、経済界の本音であろう。事実、２０１７年の春闘では、ベースアップ率はダウンした。

ほぼゼロ回答の経団連

安倍政権から賃上げと設備投資の増加を迫られたわずか3週間後の２０１５年11月26日、「未来投資に向けた官民対話」で、榊原経団連会長は、次のような見通しを政権側に伝えた。

設備投資は、経営側の努力で80兆円は見込むことができる。２０１５年度に71兆６０００億円であった企業の設備投資を、今後３年間で10兆円増やすことが可能との見通しを示した。

もちろん、榊原経団連会長は、「確証があるわけでも何でもなく、企業として意気込みを持っているということだ」と本音をのぞかせている。「未来の（設備）投資は、各企業の経営判断に依る」ことだから、とうぜんのことである。

経団連会長は、来年の賃上げは、「今年を上回る水準を期待する」と表明した。たんなる努力目標だろう。

物価の影響を除いた２０１５年7月の実質賃金は、前年比でわずか０・３％となったが、それまでは長くマイナスであった。政府が消費税率を引き上げ、日銀が輸入インフレ政策を採用しているなかで、賃上げが物価上昇にほとんど追い付いていない。これでは、強い経済など夢のまた夢であろう。

ベア要求を引き下げる労組

自動車や電機など主要製造業の産業別労働組合で構成される全日本金属産業労働組合協議会（金属労協）は、２０１５年12月に16年の春季労使交渉で、ベースアップの要求を月額３０００円以上にすることを正式に決定した。

この要求額は、６０００円以上の引き上げを求めた２０１５年春のじつに半分である。その根拠は、消費者物価の上昇が低いことや中国経済の失速などにより、企業の経営環境に不透明感が強まってきていることにあるという。２０１５年春は、政権にのせられて賃上げがおこなわれたが、もはや、そのような状況にはないということなのだろう。

労働組合が３０００円以上を要求しているので、９０００円で妥結するようなことはない。９０００円も３０００円以上ではないかといっても通用しない。低い要求額は、安倍氏のせいかもしれない。日銀に頼り切っている「アベノミクス」であるが、いっこうに消費者物価が上がらない。２０１５年10月の生鮮食品を除く消費者物価上昇率は、前年同月比でなんと０・１％下落した。そのなかで

２０１５年と同じ６０００円ものベースアップなど要求できないのだろう。

　中国経済の失速は、安倍政権の責任ではないだろう。だが、景気が失速する可能性があるときに、日本の労働組合では、政府の尻馬にのって高額のベースアップなどとうてい要求できない。企業と労働者は「一蓮托生」、これが日本の労働組合の「理念」なのだからかもしれない。

　経団連が２０１６年７月６日に公表した春季労使交渉の最終集計によれば、大手企業の定期昇給とベースアップを合わせた賃上げ額は月７４９７円であった。賃上げ率は、２・２７％と４年ぶりに前年割れとなった。

　ある自動車会社社長は、いままでの賃上げは、「追い風参考記録」であったと言いはなった。けだし至言である。これまでは、日銀の異次元緩和による円安によって儲けただけであって、これからはそうはいかないと言いたかったのであろう。事実、２０１７年春闘では、多くの企業でベースアップ率前年比ダウンで決着した。

(2) 安倍政権の料金設定への介入

　安倍氏は、スマートフォンの料金が高すぎる、引き下げるべきだと発言した。それを聞いて、奇異に感じたひとも少なくないようである。

　まさに、ときの首相が、民間企業の料金体系に口出しするなど前代未聞のことかもしれない。権力基盤の弱い首相であれば、民間企業の経営への介入だと、マスコミの袋叩きにあったはずである。

安倍氏が料金引き下げを言い出すと、さっそく総務省の有識者会議が議論をはじめた。同会議は、2015年12月に報告書をまとめた。同報告書は、スマートフォンなど携帯端末の過剰な値引きの是正や、通信量が少ないひとのための低料金プラン新設などの提言をしている。

このように政府が民間企業の経営に口出しすることには、大いに違和感がある。『日本経済新聞』は、さっそく「政府の本来の仕事は競争環境の整備である。競争が活発になれば料金は自然に下がり、消費者の満足度も高まるはずだ」（2015年12月20日）と批判した。とうぜんのことであろう。

3　政府による介入の弊害

(1) 内部留保への課税論

過去最高の内部留保

安倍政権は、「アベノミクス」のおかげで企業は、2015年度にそれまでの過去最高の378兆円の内部留保を抱えることができるようになったではないかという。安倍氏の企業への不満はこうである。

2015年9月には、「労働者派遣法改正案」を参議院本会議で可決・成立させた。これによって、派遣労働者を使い続けられるようになったではないか。国際的にも高かった法人実効税率を引き下げ、32・11％からいずれ20％台にすることになっている。

こうして、円安誘導も含めて、さんざん企業に金儲けさせているおかげで、儲け（内部留保）は、2015年度に378兆円と史上最高を更新している。

こうした儲けを懐に抱え込むのではなく、賃上げに振り向ければ、個人消費が増えるし、設備投資にまわせば、景気がよくなって、中小企業や低所得者層にも恩恵がおよぶ。いわゆる「トリクルダウン」が実現するはずではないか、と。

内部留保が膨れ上がった理由

どうして、企業は、賃上げや設備投資に資金を投入しないで、貯め込むのか。理由は単純明快である。満足な成長戦略も構築・実行できない「アベノミクス」なるものを、企業はまったく信用していないからである。経営判断を誤れば、倒産という、きわめてわかりやすい結果が出るのが、企業経営だからである。

企業は、経済危機・経営危機にそなえて、より多くの内部留保を貯め込まなければならない。売れるものを開発するのに、膨大な研究開発費も必要だからである。だから、そうそう賃上げなどできないし、儲け口がないのに設備投資などできるはずもない。

輸出企業はといえば、円安になっても輸出価格を引き下げていない。為替差益がほぼそのまま内部留保に計上されている。輸出価格を下げて輸出数量が増えれば、生産を拡大すべく設備投資が必要となるのだが。万が一、さらなる円安となれば賃上げもかんがえるということである。

やはりというか、２０１６年に入ると円高に転換した。今度は為替差損が膨れ上がった。生産を拡大していれば、損失も半端なものでなかったはずである。米トランプ政権の誕生で円安と株高に転換し、企業は一息ついたが、この政権は、日本の円安誘導を容認しないであろう。だから、企業の社長からは、「十分な儲け口を用意して下さい。そうすれば、いくらでも設備投資をおこないます」という声が聞こえてきそうである。それは、ちょうど貧弱な社会福祉のおかげで、老後のために節約に節約を重ねる庶民の姿と似ている。

（2）スミス・ケインズが泣いている
市場経済における国家の役割

安倍政権の企業経営への口出しに、アダム・スミス先生は、おそらく草葉の陰で泣いていることだろう。アダム・スミスは、経済運営や企業経営をほったらかしにしておけといったわけではない。むしろ逆である。

企業経営者（資本家）が自分の金儲けだけを念頭に、他人のことなどかんがえずに行動すれば、神の「見えざる手」が働いて経済が成長する。国家の役割は、モノを売って運ぶ途中にドロボウに盗まれないように取り締まりをおこなう、モノを売ったのにお金を払わない輩を捕まえて払わせるか、金がなければ刑務所に入れることなどである。

自由競争資本主義においても、国家の役割というのは、治安の維持や政治・経済の秩序を確保することにほかならない。そのことによって、企業経営者は、安心して金儲けに専念することができ、経済が成長する。

ところが、である。金儲けだけに専念させると、より多く儲けるために、労働コストを徹底的に減らそうとする。生活できないまでの低賃金、心身が破壊されるまでの長時間労働、女性や子どもの酷使などが横行した。

賃上げや労働時間の短縮や労働条件の向上は、労働者の固有の権利である。企業経営者が儲けの分配を振り向ければいいだけのことだからである。

ところが、企業経営者は、儲けを研究開発や設備投資にあてようとする。競争相手よりもよいモノを開発し、安く売れなければ、熾烈な競争で敗退してしまうからである。敗退すると企業は倒産し、労働者は失業し路頭に迷う。

このように、市場経済というのは、きわめて非人間的なのである。となると、労働者は人間的な生活を求めて実力行使に訴える。利益の分配の問題なので、国家は、ストライキなどの実力行使を法的に認めた。労働時間が短縮されるとともに、子どもの労働、男性のみならず女性の酷使も禁止された。これが国家の役割にほかならない。

ケインズ先生も泣いている？

ところが、企業経営者の自由な金儲けを放置することで、循環的に恐慌が勃発した。これは、自由競争資本主義の宿命であった。

景気がよくなっていくとモノがよく売れる。もっと金儲けしようとして、新たな工場の建設などの設備投資をおこなう。設備投資をおこなうには、土地や建設資材や機械などを購入しなければならない。設備が完成するまでは、あたりまえのことだが、生産はできない。ということは、買うだけで売るモノはまだない。需要だけで、供給はない。

みんな自分の金儲けだけ考えるので、景気がよくなっていると感じれば、企業経営者は、あちこちで設備投資をおこなう。新たな供給はなく、すさまじい新規需要が出てくるので、空前の好景気となる。

ところが、あちこちで設備投資が終了すると、今度は、需要ではなく、おびただしい供給がおこなわれる。新たに建設された設備からどんどんモノが生産され、マーケットに登場するからである。おっつけ、モノがマーケットに溢れ、売れなくなってしまう。

設備投資資金を回収しようとして、モノの投げ売りが始まる。経営状態の悪い企業から倒産する。これが恐慌である。恐慌には、モノの価格が暴落するデフレを伴うのはそのためである。

不良企業がドンドン倒産していくと、過剰な供給がなくなるとともに、経営状態のいい企業が残る。こうして、恐慌は底入れをし、終結する。恐慌で相対的によい企業が残るので、経済の質が高まる。企業は倒産を回避しようとして、必死に新たな儲け先を探す。こうして、収益率の高い成長産業が育成されて、資本主義は発展していく。

歴史上、もっとも深刻だったのは、1929年世界恐慌であった。ここでジョン・メイナード・ケインズ先生（1883〜1946）が登場する。恐慌が需要不足で勃発するのであれば、政府が需要を創出すればいい。そうすれば、恐慌は克服できる、というわけである。

ただ、シュンペーター先生は、恐慌は、不良企業の淘汰の過程であるし、恐慌の後にくる不況期に斬新なイノベーションがおこなわれるので、ほうっておけといった。だから、29年世界恐慌時にも、政府は、なにもするなと主張したのである。

ケインズの言う国家の経済への介入というのは、マーケットが需要不足のときに、国債発行などで資金を調達し、新規需要を作り出すということである。そうすれば、景気が回復し、税収が増えるので、発行国債を償還できる。財政赤字が増えることなどないはずである。

日本の政治家は、景気が悪くなると赤字国債を発行して、公共投資をおこなってきた。その結果、天文学的な財政赤字が累積しても、これがケインズ政策と、悠然としている。

だから、国家は、決して企業経営に介入してはならないし、公共投資で財政赤字を膨れ上がらせてもいけない。安倍政権のやり方をみて、ケインズ先生も草葉の陰で泣いていることだろう。シュンペーター先生にいたっては、呆れはてて、涙も出ないだろう。

（3）政府の経済運営への口出しは禁じ手

安倍政権が、日本銀行を「支配」下において、みずからの「別動隊」にするなど、言語道断である。それにしても、安倍政権の経済・企業経営への口出しは、尋常ではない。

たしかに、ケインズ先生も言っているように、不況期に賃上げをして、個人消費を拡大すれば、不況克服の一因となることは事実である。だが、全集をすべて読んだわけではないが、ケインズだって、国家が企業に賃上げを要請しろとは言っていないだろう。

甘利明前経済財政・再生相は、政府による賃上げ要請による「官製春闘」という批判に次のように反論した。

そうした批判は承知しているし、普通なら政府が介入するのは望ましいことではない。しかし今は過去20年近く続いたデフレの重力圏から脱却できるかの瀬戸際にある。デフレ脱却には相当なパワーが必要だ。経済を好循環に乗せるまでは、働きかけていく。（『日本経済新聞』２０１５年12月24日）

副作用も、インフレへの道を突っ走っているのも承知の上ということなのだろう。

そもそも、賃金・設備投資・販売料金設定というのは、企業経営の根幹にかかわる高度の経営判断である。したがって、国家というもの、この分野に決して介入してはならないのである。ところが、どうして安倍氏は、執拗に賃上げ、設備投資の実行、販売料金の引き下げなどを企業に迫るのか。

それは、みずからの野望である「憲法」改正（改悪）により「戦後レジーム」を転換し、「積極的平和主義」の名のもとに世界中で戦争のできる国にし、世界から尊敬される国にするためであろう。日銀を「恫喝」して円安にして、景気回復を庶民に「実感」させ、内閣支持率を引き上げ、政治・軍事の野望を実現させようとしている。政治・軍事の事情に経済を「従属」させてきた。

もちろん、経済界もしたたかである。安倍氏の「本心」を知り尽くしているので、「賃上げがんばります。設備投資もできる限りやります」といって、法人実効税率の大幅引き下げ、規制緩和などを政府に実行させている。

大企業で構成される経団連などは、法人実効税率を引き下げる財源として、赤字企業でも課税される外形標準課税を認めている。中小企業などは増税になるが、そんなことは、大企業中心の経団連にとってはおかまいなしのようである。

とりわけ、２０１６年9月21日に日本銀行が決定した長短金利操作付き量的・質的金融緩和にいたっては、三先生のあいた口が塞がらないことだろう。

日本銀行が、国債の爆買いで国債市場を、株価指数連動投資信託（ＥＴＦ）の大量購入で株式市場をコントロールし、いままた長期金利まで意のままにしている。マーケットを国家機構の一部に組み込まれた日銀が「支配」している。

国家独占資本主義というより国家「社会主義」、ともいうべきものだろう。

4　市場メカニズムの発揮

(1) 国民の英知の結集

企業を自滅させる経営への介入

ところで、どうして国家は、企業経営に口出ししてはならないのか。それは、高度な経営判断にかかわるものだからである。

企業は、ビジネスによって利益を獲得する。その利益をより多くするために賃金体系・設備投資計画・販売料金設定などをおこなう。この経営判断を誤ると利益が激減するばかりか、損失が出てしまい、最悪のばあいには倒産する。

もしかりに、国家が経営判断に介入するのであれば、国家は、その結果に対しても責任を持たなければならない。すなわち、賃上げ、儲けられない設備投資、料金の引き下げで、経営が悪化したら、国家が救済しなければならないということである。

これでは、資本主義市場経済ではなくなる。これほど楽な企業経営はないし、どんな経営をしても、最後は、国が助けてくれるだろうからである。これだと、経済を支える強固な優良企業が消滅する。これが現状の、日本国家独占資本主義（国家資本主義）である。

もちろん、賃上げ、儲けられない設備投資、料金の引き下げがおこなわれると、景気は、とりあえず高揚するだろう。だが、利益が激減してほとんどの企業が不良企業になっているので、いずれ、どんどん倒産し、恐慌が勃発する。その前に、国家は、企業救済に資金を投入しなければならない。その結果、国家は財政破綻の憂き目にあうことだろう。

国民の英知を結集せよ

国家が企業経営に介入してはならない。国家の役割は、恐慌に耐えうる企業体質を構築することである。ようは、できるかどうかは別にして、「なにもしない」ということが肝要なのである。

1990年代初頭に不動産バブルが崩壊して、平成大不況に見舞われたが、政府は財政出動によって景気のテコ入れをし、日銀は、金利を下げ続けた。おかげで、退出しなければならない不良企業が大量に温存され、新たな成長産業が創出されなかった。平成大不況が長期化し、挙げ句のはてにデフレに見舞われたのは、そのためであった。

そんなことはできようはずもなかったが、財政出動も金利の引き下げもおこなわれなければ、不良・不採算企業がバタバタ倒産し、新たな産業が出てきたはずである。もちろん、その間は恐慌状態になるので、政府のおこなうことは、失業者の救済だけでよい。

大不況なのに、金利が高いので、金利以下の利益しか上げられない企業、すなわち衰退産業の企業は、バタバタ倒産していく。資金調達するにも高い金利を支払わなければならないので、収益性の高い、新たな産業や儲け口が模索される。シュンペーターがいうように、こんなときにこそ斬新なイノベーションが進展する。

資本主義経済は、何万、何十万という企業経営者（生産者）すべての英知を結集して、皆が金儲けにはしり、競争に負けたら路頭に迷うという、きわめて単純明快で、かつ非人間的なシステムである。失業の恐怖もなく、税金でのうのうとくらし、失敗しても責任をとる必要のない国家・地方公務員が、成長戦略を立案・実行などできるはずもない。

ウィンストン・チャーチル（１８７４～１９６５）は、かつて「民主主義は最悪の政治制度である。ただし、民主主義以前の政治制度を除けば」と言った。チャーチルの言い方を借りれば、「市場経済は最悪の経済制度である。ただし、市場経済以前の経済制度を除けば」ということになろう。

（２）金利を引き上げよ！

失われた利子所得

不動産・資産バブルが崩壊して日銀が超低金利政策を採用しなければ、預貯金者は、膨大な利子を獲得できたはずである。得られたはずの利子は、預貯金者に無断で、衰退産業の企業に「献上」された。それを実行したのは、政府の意向を受けた日銀である。

失われた利子は３０４兆円ともいわれている。これが消費にまわれば、景気の回復に大いに貢献したはずである。

大不況対策で政府は、膨大な国債を発行したが、優良な貸出先のない金融機関が大量に購入したので、国債の利回り（長期金利）は低位に抑えられた。そのおかげで、平成大不況期に新たに６００兆円もの公共投資がおこなわれ、衰退産業が温存された。

成長産業が登場しないので、不況から離脱できないままで、財政赤字（政府債務残高）は、なんと1066兆円まで膨れ上がり、財政再建不能の危機的状態に陥っている。

金利の引き上げで強い経済

安倍政権が強い経済を構築しようとするのであれば、2、3年は恐慌状態に陥るのを覚悟して、長短金利の引き上げをおこなえば可能だ。歴史的英断で、それこそ歴史にその名が残る。

ちなみに、ドイツのゲアハルト・シュレーダー前政権時に、国民に痛みを強いる年金・労働改革を断行した。当時、とうぜん評判は悪かったが、現在のドイツの強い経済を作り上げた立役者として、歴史的評価が確立している。ドイツのメルケル首相も、そのことを認めている。

ドイツの社会的市場経済が十分に機能しなくなったので、市場経済の改革をおこなったということなのであろう。

日銀の政策金利をマイナスから4％程度にまで引き上げると、国債発行残高からしてゼロ％程度などという常識はずれの10年物国債金利は5％程度には上昇するはずである。もちろん、庶民の住宅ローン金利もはね上がるので、政府は、利子補給をしなければならないが。

900兆円あまりの預貯金の金利がゼロから4％に上昇すれば、年36兆円あまりの利子所得になり、利子課税で7兆円以上の税収増になる。預貯金をしているのは、庶民がほとんどなので、最大で年間30兆円あまりの個人消費が出てくる。ＧＤＰの押し上げ効果は６％以上にもなるであろう。

　９１８兆円あまりの国債の金利が５％になれば年46兆円の利子所得になる。銀行は、預金への利子支払いが増えるが、国債の利子の受け取りも増加する。

　もちろん、国家と企業は、すさまじい利払いとなる。ここがポイントである。国債金利の上昇で財政赤字は激増する。なんらかの過渡的措置は必要だが、政府は、歳出の大幅削減に取り組まざるをえなくなる。財政破綻を回避することは、現状では不可能なので、別途、なんらかの措置が必要であるが。

　企業の利払いは増加するが、債務の多い不良企業は、どんどん倒産していく。これが、ほんらいの恐慌の経済的機能である。こうして、強い経済が実現する。

　だが、残念ながら、こんなことを実行できる政治家は日本にはいない。というよりも、真逆の政策を続けているので、景気が低迷して、デフレに戻るばかりか、経済・金融システム、金融市場が機能不全に陥っているのである。

第4章　年金資金を危険にさらす運用

1　年金資金の株式運用

(1) リスク資産運用

7・8兆円もの巨額運用損を計上

公的年金を運用する年金積立金管理運用独立行政法人（GPIF）は2015年11月30日、7〜9月期の運用成績（含み損）が7兆8899億円の赤字であったことを発表した。運用利回りもなんとマイナス5・59％であった。四半期の実績としては過去最大の運用損失、運用利回りも過去三番目の低さであった。

過去二回は、米同時多発テロ後の2001年9月末、リーマン・ショック後の08年12月末、まさに世界史的大事件の勃発時である。たしかに、この年の7〜9月期に中国発の世界同時株安が発生した。だが、過去二回の大事件ほどではない。

もちろん、GPIFは、10月以降は株価が回復基調で、資産は3月末水準を回復したという。損失を取り戻した、「長期的な視点で判断してほしい」と強調する。だが、損失を取り戻したからいいだろう、とはいえない。

というのは、年金資金は、長期的に可能な限り、最大限の収益を確保することを運命付けられているからである。長期資金を取り扱う年金資金の運用方針の大原則は、収益を確実に確保し、損失を最大限回避するということである。

年金資金、とくに公的年金資金は、長期的な観点で運用され、損失は最小限でなければならない。そうしないと、年金生活に入っても、確定給付だったはずの年金をもらえなくなってしまう。しかも、年金に対するひとびとの信認がなくなり、年金制度そのものが崩壊してしまう。

もとより、運用の失敗は避けられないことである。米同時多発テロやリーマン・ショックなどは、あまり予測のできない不確実性のリスクに分類されるので、大損しても仕方がないかもしれない。しょっちゅう起こることではないからである。

ところが、バブルが崩壊したとみられる中国経済の失速は、みんな知っていたことである。とくに、年金など長期資金を取り扱うばあいには、より慎重に、しかも早めに対処すれば、7・8兆円もの損失は回避できたはずである。これを2兆円から3兆円程度の運用損に抑え込むのがプロの運用者というものである。

２０１５年度の損失５・３兆円

ＧＰＩＦは２０１６年７月29日、15年度に５兆３０００億円の運用損失を出したとようやく正式発表した。この損失は、７月10日の参議院選挙前に知られていたことである。参議院選への悪影響を回避するためあえて選挙後に公表したといわれた。

国内株式では３兆４８９５億円、外国株式で３兆２４５１億円、外国債券で６６００億円と７兆４０００億円もの損失を出した。それが、５兆円そこそこですんだのは、マイナス金利のおかげで国債価格が上昇し含み益が２兆円あまりあったためである。運用方針変更前のままであれば、赤字にはならなかったはずである。

ところが、２０１６年11月25日、７～９月期の運用実績は、一転して２兆３７４６億円の黒字に転換したと発表した。米トランプ政権への期待から、日米欧諸国の株価が上昇して、黒字幅が拡大したのである。２０１６年10～12月期には、運用実績が10兆３０００億円の黒字になったという（『日本経済新聞』２０１７年３月１日）。

長期資金を運用するのであるから、米トランプ政権がこのまま好景気と株価の高揚を持続させることはかんがえづらいので、５兆円くらいは益出しをして、売り抜けた資金は、しばらくは国債などに投資しておかなければならない。だが、残念ながら、ＧＰＩＦには、それが許されていない。

運用方針を変更したＧＰＩＦ

ＧＰＩＦは、数度にわたって運用資産の構成割合を変えてきた。たとえば、２０１３年６月から、国内債券比率を67％から60％に引き下げ、国内株式を11％から12％に、外国株式を９％から12％に引き上げた。そして、２０１４年10月には、国内債券を35％とする半面で、国内・外国株をそれぞれ25％、合せて半分まで一気に引き上げた。

さらに、株式の変動率の許容範囲も、それまでの６％から９％に引き上げられたので、国内株は、最大限で34％（すなわち25％プラス９％）なんと三分の一超も投資できることになった。

この年金運用比率の見直しは、２０１４年６月に決定された政府の新成長戦略などに盛り込まれていた。ようは、安倍政権の意向に従ったということなのである。

とはいえ、公的年金を破綻させないとすれば、年金保険料の引き上げや支払い年金の減額や支給年齢の繰り下げ、年金資産を増やさなければならない。とくに、年金資産を可能な限り増やさなければならないのもまた事実である。

２０１３年度の年金保険料の収入は約31兆円、給付額は約50兆円、差し引き約19兆円の赤字であった。14年度の高齢者などが受給した公的年金の総額は、53・４兆円と過去最高になった。前年度比１・１％増であった。赤字は、これからますます膨れ上がる。

赤字分は、税金とＧＰＩＦの積立金で穴埋めしているが、ＧＰＩＦは毎年４兆～５兆円を拠出している。年金積立金残高は約１４０兆円あまりなので、このままいけば28年から35年で枯渇する。しかも、急速に少子高齢化が進むなかでは、もっと早まる。

アメリカのカリフォルニア州職員退職年金基金（CalPERS《カルパース》）のように、過去20年の年平均資産運用利回りが8・5％もあれば、持続可能かもしれない。だが、50％以上を株式に投資するカルパースのような株主行動は、公的年金では難しい。

結局、株式運用で大損すると、税金の追加投入は難しいので、年金保険料の引き上げということになる。

(2) 共済年金も株式投資を拡大

2015年2月に国家公務員の年金を運用する国家公務員共済組合連合会（国家公務員共済）も、資産構成を見直して、国内株式の比率を8％から25％に引き上げるとともに、国内債券の比率を74％から35％に引き下げると発表した。

外国債は2％から15％に、外国株は8％から25％に引き上げられた。GPIFと同じように、国内外株式は半分を占めるにいたる。

国家公務員共済は、株式など、リスクの高い金融商品にあまり投資してこなかった。民間には、株式などに投資しろというのに、自分たちは、株式に投資していないではないかと批判されてきた。国家公務員は、安全資産で運用し、自分たちの年金だけを守っているのでは、と。

さすがに、国家公務員共済も安倍政権の株価引き上げ策に協力せざるをえなくなったのだろう。そうすると他の共済も後に続いた。地方公務員の年金を運用する地方公務員共済組合連合会（地方公務員共済）、私立学校の教職員の日本私立学校振興・共済事業団（私学共済）も、ＧＰＩＦと同じ目安で年金資金を運用することになった。

２　公的資金による株価引き上げ

（１）株価の引き上げ

第二次株価維持政策

かつて、不動産バブル崩壊不況に見舞われていた１９９２年から、政府によってＰＫＯ（不遜なネーミングだが、プライス・キーピング・オペレーション）という株価維持政策が実行された。

不動産バブル崩壊不況は、銀行が２００兆円ともいわれる膨大な不良債権（焦げ付きや約定通りに返済されない融資）を抱えたことで勃発した。

銀行に不良債権を処理させるには、どうしても保有株式の含み益（時価より簿価が高い）が必要である。ところが、日経平均株価が２万円を割り込むと、銀行の保有株式の含み益が消え、保有株式も不良債権になってしまうといわれた。そこで、２万円の維持が主張され、ＰＫＯが実施されることになった。

ＰＫＯは、ＧＰＩＦの前身である年金福祉事業団、郵便貯金（現、ゆうちょ銀行）、簡易保険（現、かんぽ生命）などの公的資金が株式市場に大量に投入されることで実施された。

たしかに、株価は2万円程度に維持されたが、そのうち止めてくれという声が大きくなっていった。というのは、PKOが終了、ないしは投入資金が枯渇すると、株価が下落することは明らかなので、本来の投資資金が流入しなくなったからである。

それにもまして、企業収益の拡大や景気の高揚などで株価が上昇するのではなく、膨大な仮需によって株価が上昇すると、マーケットが機能不全に陥る危険性が高まるからである。

PKOが終結するともちろん株価は下落したが、それが経済実態を反映したものであった。おかげで、株式市場がまともに機能するようになった。このときの教訓は、マーケットを人為的にコントロールしてはいけないということであった。

第二次PKOは、第一次と違って、GPIFやゆうちょ銀行やかんぽ生命のほかに、国家公務員共済・地方公務員共済・私学共済、日本銀行までもが日本株の買い手になっていることである。マーケットでは、GPIF、三共済、ゆうちょ銀行、かんぽ生命、日本銀行が、「池のなかの五頭のクジラ」と呼ばれている。結局は、強引に株価引き上げがおこなわれ、マーケットを混乱させるだけのことなのであるが。

禁止されている株価操作

株価というのは、それがたとえ投機であったとしても、多くの買いが入れば上昇する。したがって、仕手戦（小型株などにどんどん買いを入れて株価を引き上げ、上がったところで売り抜けて儲ける）というものが成立する。もちろん、仕手戦は違法である。

株価が上昇するのは、景気がよくて、企業業績が良好になるという兆候が現れるときである。株式市場が景気や企業業績の先行指標といわれるのは、そのためである。

だから、公的資金を投入して実体のない仮需をいくら増やしたところで、仮需はいずれ枯渇する、あるいはそれがわかれば、株価は下落していく。公的資金が入っている間は買いだった投資家も、潮が引くように売り抜けるので、株価は下落していく。このことは、第一次ＰＫＯで実証済みだったはずである。

株価の引き上げができないＧＰＩＦ

２０１４年10月からＧＰＩＦは、国内株の構成比率が12％だったものから15年9月末に21・３５％まで買い進めた。同時期に外国株の比率も、21・６４％まで上昇した。

この間、ＧＰＩＦは、株式の購入を進めてきたので、株価の引き上げをおこなうことが可能であった。売りのない、一方的な買いが株式市場に入ってきたからである。10％増えるのであれば、13兆円くらいの新規資金である。

ところが、上限の25％に接近しつつある。一見、34％まで買い進めることができるようだが、それは難しい。というのは、34％まで買ってしまって、その後、もしも株価が上昇すると34％を超えてしまうからである。

そうすると、ただちに保有株式を売却して、34％まで国内株式の保有比率を引き下げなければならない。その結果、135兆円あまりの運用資産の1％でも1・35兆円もの売りが出てしまう。膨大な売りが出て、日経平均がかなり下落すると、たしかに、34％まで低下するかもしれない。しかし、それは株式市場の大きな波乱要因となる。したがって、通常の国内株式の売買によっては、保有比率が25％を超えてはならないのであろう。

ということは、これからは、GPIFの株式投資は、売り・買いを繰り返さなければならないということになる。すなわち、株価を強引に引き上げるということはできなくなってしまったということである。もちろん、三共済が株式購入をおこなうであろうが、その規模たるやGPIFの四分の一程度にすぎず、迫力不足である。

このような公的資金の株価引き上げ策の限界を海外投資家（外資）もよく知っている。外資は、2015年6月まで2兆6583億円分の日本株を買い越し、日経平均が15年ぶりに2万円台を回復した。だが、その後、売りに転換し15年では、2300億円あまりを売り越しであった。その直接の動機は、中国景気の失速だが、公的資金に買い余力がなくなったことが、利益確定の売りの契機となったのであろう。むろん、それは予想されていたことである。

（2）リスク資産投資へののめり込み

ジャンク債投資

さらに、収益拡大のため、2015年10月から格付けがダブルB以下のジャンク債への投資も開始した。これは、ハイリスク・ハイリターン債であって、文字通り、大損する可能性も高い。だから、世界の生命保険会社などの機関投資家は、内規ないしは投資契約で、トリプルAなどの国債しか投資できないと規定している。もちろん、ジャンク債に投資している機関投資家も少なくない。

GPIFは、ジャンク債のデフォルト（債務不履行）確率はわずか1％というが、実際には、2％以上といわれている。それでも、投資の世界では1％というのはきわめて高いし、1％はあくまでも経験則で、リーマン・ショックのような事態が勃発すればはね上がる。

2014年9月にカルパースは、高い利回りを狙うヘッジ・ファンドへの投資を停止すると発表した。それは、将来、相場変動が激しくなったときに、年金資金が毀損するのを回避するためであるという。世界的に有名で、高パフォーマンスで知られるカルパースが、ジャンク債投資を止めるというのに、GPIFは始めるという。

2015年には石油価格が暴落し、アメリカのエネルギー産業の苦境のなかで、その発行するジャンク債に投資したファンドがのきなみ解散に追い込まれた。そもそも、ジャンク債市場というのはプロ中のプロの世界で、流通市場は、ほとんどないにひとしい。したがって、ジャンク債の発行体の経営危機などがあると、まったく売れなくなってしまう。

もし、ＧＰＩＦが総資産の１％分のジャンク債を購入し、すべてデフォルトしたら１・４兆円もの多額の損失が出てしまうことだろう。

運用担当者に質問をぶつけてみたが

２０１５年秋、ＧＰＩＦの運用担当者に質問する機会があった。

公的年金の運用で、内外株を50％も組み込むというのは、危険すぎるのではないかと質問してみたが、厚生労働省から求められたパフォーマンスを出すにはこれしかないという回答であった。

厚生労働省は、ＧＰＩＦに５％でまわせといっているわけではなく、１コンマ数パーセントとのことなので、おかしなポートフォリオだと感じた。

金融資産のヘッジのために、どうしてデリバティブを活用しないのかと質問したら、デリバティブを使うことはできるが、使い勝手がすこぶる悪いということであった。リスク・ヘッジは不可欠なので、使い勝手をよくしないといけないと言っておいた。

運用担当者は、オルタナティブ投資（株や債券など以外への金融商品への投資）がおこなえるようになるから、投資手法の多様化ができると言っていた。

しばらくして２０１６年７月25日、厚生労働省の年金部会が、ＧＰＩＦの新しい投資手法で、大筋で了承したという新聞記事があった。株式や債券への投資だけでなく、インフラや不動産などで運用するオルタナティブ投資のコストを引き下げることができる。従来は、投資信託を通じたオルタナティブへの投資しかできず、投信を組成するコストが余計にかかっていた。

3　年金資産運用のあり方

(1)　政権に利用される年金資金

円安だけで高株価を維持するのはかんたんではないので、大量の株式投資を海外投資家(外資)にお願いしなければならない。外資が大量の株式投資をおこなうのは、日本の強い経済を認めたからだと、「アベノミクス」の成功をアピールできて、内閣支持率も上昇する。

とはいえ、外資は、成長の停止した日本の株を買い進めるほど能天気ではない。そこで、安倍政権は、株価引き上げ策にのめり込んだ。くだんの政府の新成長戦略がそれであるが、株価の引き上げをGPIFに命じた。

日経平均がある程度の水準までしか下がらないのであれば、外資は安心して日本株投資ができる。それでも、中国のバブル崩壊など、株価下落懸念があるので、GPIFという公的資金に株式投資を迫ったのだろう。じきに、GPIFにならって、国家公務員共済・地方公務員共済・私学共済もそろって株式投資比率を引き上げた。

さらに、高株価維持のため、ゆうちょ銀行とかんぽ生命も引っ張り込もうとしている。上場したのだから収益性を上げるため、積極的に株式投資を、とばかりに。ゆうちょ銀行・かんぽ生命の膨大な資金が株式市場に投入されれば株価上昇に貢献する。

安倍政権の「経済政策」を一手に引き受けてきた日銀も、年３兆円規模で株価指数連動投資信託（ＥＴＦ）を購入してきた。さらに３０００億円分を買い増しすることになった。２０１６年７月からは、年６兆円ものＥＴＦを買うことになった。

ＧＰＩＦは、日経平均株価を効率的に引き上げるために、その上昇に大きな影響力を持つ大型株を中心に購入してきたといわれている。だから、日経２２５構成銘柄でも株価が低迷しているのも多いようである。

ＧＰＩＦは、安倍政権の事実上の「株価引き上げ機関」となっているので、カルパースのような資産運用をしていないこともあって、優秀なファンド・マネージャーを確保できていないようである。優秀なファンド・マネージャーがいても、高いリターンを上げ続けるのはむずかしいのに、これでは、運用による高収益を期待するほうに無理がある。

(2) 虎の子の年金資金をどう運用するか

年金資金は、将来の年金をしっかりと給付するために、極力安全に運用し、少しでも増やさなければならない。これは、きわめて困難なミッションである。安全運用の観点から、資金全体の70％あまりを国内債券で運用すべきである。

そのさい、膨大な政府債務残高を抱える日本のインフレ・リスクを考慮すべきである。そのため、すべて物価連動国債にする。元本の目減りを回避することが至上命令だからである。

機関投資家は、物価連動国債を購入できる。ただし、インフレ懸念が出てくれば、政府は、物価連動国債の発行をやめるかもしれない。そうしないと、インフレ政策で、国債を減価させられないからである。ＧＰＩＦは、いまのうちに買い占めなければならない。物価連動国債の価格は上昇するだろう。だが、インフレの高進で元本が損なわれるのに比べれば、大したことではない。

物価連動国債の金利を０・５％とすれば、全体の利回りでは０・３５％となる。

株式は、国内株10％、外国株10％くらいで十分である。インフレに株価が連動するといわれる国内外株20％を慎重に運用して、８％の利回りを確保できれば、全体の運用利回りでは１・６％となる。

ここで、地球環境保全や社会貢献、賃上げ・労働条件向上など、社会的責任を十分にはたしている健全財務企業の株式に投資すれば、株価は長期的に上昇していく。となれば、社会的責任をはたしていない企業は淘汰され、よりよき社会が実現できる。

長期資金を取り扱う機関投資家としてのＧＰＩＦをはじめ共済年金は、これからますます庶民にやさしく、住みよく、よりよい社会の実現に貢献するということもきわめて大きなミッションであることを自覚する必要がある。

外国債券を10％とすれば、当該国でインフレが進展していないとして、円安の進行によって元本が日本のインフレに連動し、保全できる。外国債券利回りが２％だとすれば、全体の利回りでは０・２％となる。このように配分すると全体の運用利回りは２・１５％となる。経済成長率よりも高いだろう。元本も保全されている。

第5章　政府の軍門に下った日本銀行

1　支離滅裂の金融政策

(1)挫折したインフレ目標達成

六度目の目標達成延期

日本銀行は、2016年1月29日に開催した金融政策決定会合でマイナス金利政策の導入を決定し、4月28日の会合でもマイナス金利付き量的・質的金融緩和の現状維持を決めた。

同日、日銀が発表した「経済・物価情勢の展望（展望レポート）」で、インフレ目標（政府と日銀は「物価安定目標」というが）の達成時期をそれまでの「2017年前半ごろ」から「2017年度中」に先送りした。

2％のインフレ目標の達成時期は、2013年4月に鳴り物入りで導入された量的・質的金融緩和（異次元緩和）のときには、2年程度であった。ということは、遅くとも15年4月前後には達成されるはずであった。

ところが、２０１４年10月の追加異次元緩和時に15年度を中心とする期間と、厳密にいうと先送りされた。すなわち16年３月まで先延ばしされたのである。これはインフレ目標の延期ということができよう。

その後、２０１５年４月に16年度前半ごろ、同年10月に16年度後半ごろ、16年１月には17年度前半ごろと延期された。16年４月には、17年度中に延期され、１年間でなんと四度の延期となった。

追加異次元緩和時の延期も入れると正確には五度目の延期となったのである。これだと、日銀黒田総裁・岩田副総裁の５年間の任期が終了する２０１８年３・４月までに、なんとか実現するということになる。六度目の延期はないということだったはずである。

ところが、日銀は、２０１６年11月１日に開催した金融政策決定会合で２％のインフレ目標の達成時期を「２０１７年度中」から、「18年度ごろ」に延期した。なんと六度目の延期である。

ところが「幸運」にも、ここで、黒田日銀に「追い風」が吹いた。米トランプ大統領誕生で、一時的であるが、急激に円安と株高に転換したからである。ふたたび円安による輸入物価の上昇で、２％のインフレ目標達成の可能性が出てきた。

だが、事態は、それほど単純ではない。

インフレ目標の設定

安倍氏からデフレ克服の意を受けて、華々しく登場した黒田東彦日銀総裁は、就任早々の２０１３年４月に開催した金融政策決定会合で、２年程度で２％程度のインフレ目標（物価安定目標）を実現すると大見得を切った。

そのために、ベースマネー（日銀当座預金と銀行券と貨幣）を２倍、国債の購入額を２倍とするというきわめて非現実的な非伝統的金融政策を決めた。黒田氏は、これを「量的・質的金融緩和」とか「異次元緩和」とか呼んで、自画自賛した。

このときに、日銀総裁は、２年程度で消費者物価上昇率２％を実現するために、必要な手をすべて打った。よほどのことがない限り、追加緩和はおこなわないと断言した。よほど自信があったのだろう。

だが、エコノミストばかりか、金融研究者のほとんどは、そんなことで２％の消費者物価上昇率を実現できるはずもないと声高に叫んでいた。

事実、このときの日銀の議論でも、「異次元緩和」なので期限を区切っておこなうべきだという正論を主張した審議委員がいたが、リフレ派の鼻息は荒かった。

（２）異次元緩和の追加緩和

２０１４年10月に開催した金融政策決定会合で、日銀は、やらないはずだった追加（異次元）緩和を決定した。直前まで、黒田氏は、4月の8％への消費税率引き上げによる影響は軽微、日本経済はデフレ脱却に向けて、順調に回復していると強弁していた。

少なくとも、2015年度までは、追加緩和をおこなわないはずであった。その舌の根も乾かないうちにである。だから、政策決定会合での採決の結果、賛成5に対して反対4という薄氷を踏む決定となった。まさに、マーケットがまったく予想していなかったサプライズ緩和であった。

わずか2日前の10月29日に米連邦準備理事会（FRB）が、大量の国債と住宅ローン担保証券（MBS）を購入する量的緩和（QE）第三弾の終了を決めた直後という絶妙のタイミングであった。

おかげで、1ドル100円あたりから一気に1ドル120円まで円安となった。デフレ克服のための追加異次元緩和は、大成功したかにみえた。もちろん、この第二弾の円安誘導にアメリカ政府が沈黙したことで可能となっただけのことであるが。

黒田氏が追加異次元緩和を断行したのは、直接的には、原油価格が大暴落していたからである。円安誘導としての異次元緩和によって、円安になったとしても、原油価格が暴落すれば、原油の輸入価格が下落してしまう。

せっかく円安誘導で輸入価格が上昇（輸入インフレ）し、消費者物価上昇率をようやく1％あたりに引き上げても、原油価格が暴落すると消費者物価上昇率は1％を切ってしまい、異次元緩和そのものが否定されてしまう。とにかく、消費者物価上昇率を2％に引き上げるというのが、黒田氏にとっての至上命令である。それが約束だからであろう。

2　「憲法違反」のインフレ目標

(1) インフレ目標先送りの屁理屈

黒田日銀は、インフレ目標の達成時期を五度も六度も延期した。黒田氏のすべきことは、だんじて達成時期の変更などではなく。辞任である。黒田氏は、就任前に国会で、2年程度で2％目標を実現すると述べた。国民の前で誓ったのである。黒田氏は、達成できなければ辞任すると、はっきりとは言わなかったが、岩田規久男副総裁は辞任を明言した。

2014年10月の追加異次元緩和時に、ひとたび公約違反をおこなったら、目標達成時期の変更に後ろめたさはなくなったのかもしれない。

黒田氏は、原油価格が下落する前には、生鮮食品を除く消費者物価上昇率は1％を超えた、2％の物価安定目標の実現は可能だといっていたはずである。ところが、2014年10月の追加異次元緩和に先立つ時期には、原油価格が暴落していた。中国経済の変調も顕著になってきた。だから、追加緩和が必要と、異次元緩和の失敗のせいではないと言わんばかりであった。

ところが、原油価格の下落が止まらなくなると、今度は、生鮮食料品とエネルギーを除くと消費者物価上昇率は1％あまりだと言い出した。価格が下落するエネルギーを除いたのである（図4参照）。なんとも、都合のいい説明である。

そもそも、日銀が大胆な金融緩和（異次元緩和）をおこなえば、インフレ期待が高まり、設備投資

図４　消費者物価

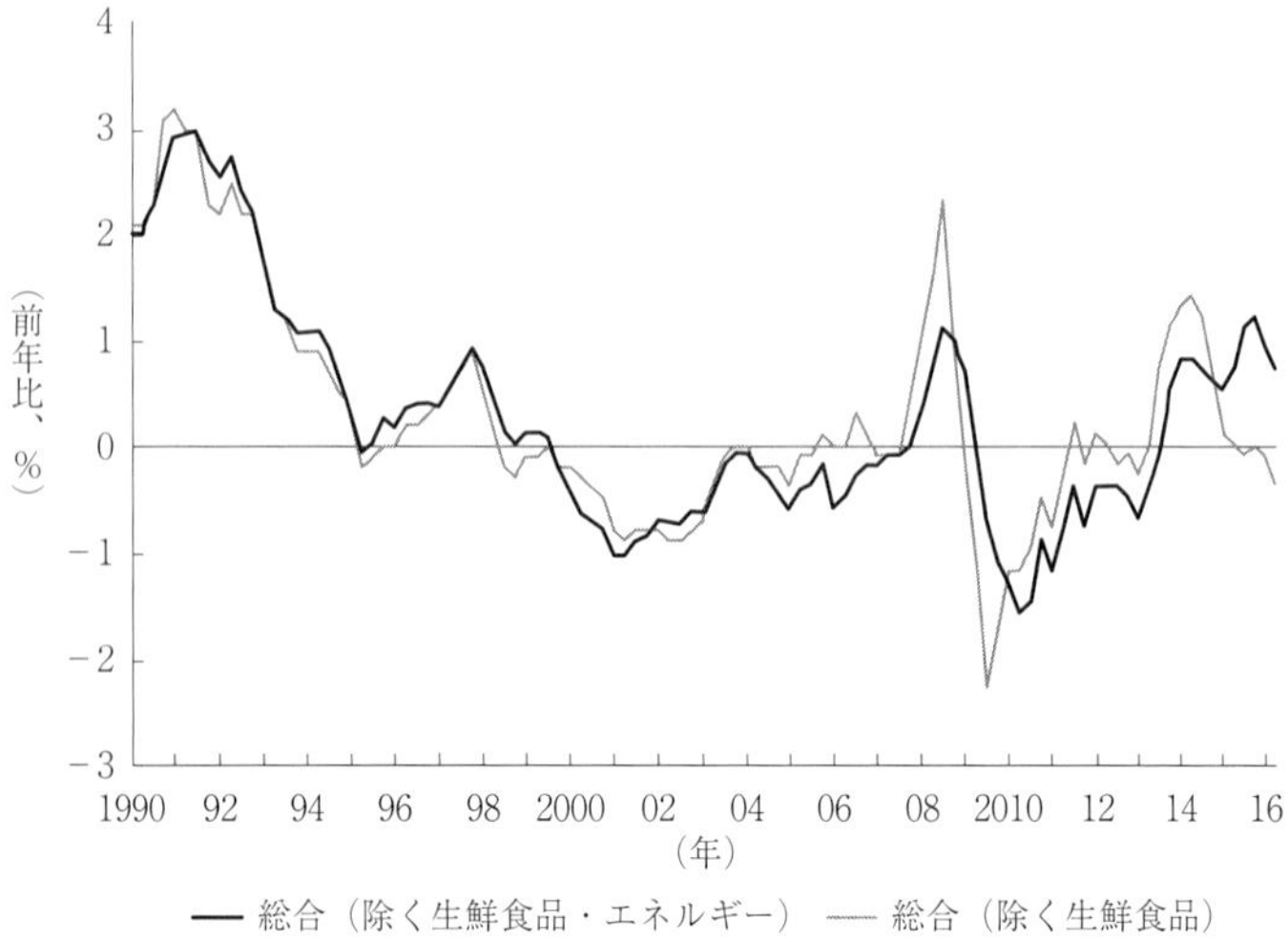

（注）消費税調整済み（試算値）。総合（除く生鮮食品・エネルギー）は、日本銀行調査統計局算出。
（資料）総務省。
（出所）日本銀行。

や個人消費が増え、賃金も上昇するので、２％の物価安定目標の達成が２年程度で可能なはずだった。だから、原油価格が下落しようと、中国でのバブルが崩壊しようと影響されないはずである。

あくまでも、デフレはマネー要因で発生するので、マネーを大量に供給すれば、２％の物価安定目標の達成などかんたんだと主張していたはずである。

(2) 再度の消費増税延期

安倍政権の「経済政策」は、もっぱら黒田日銀が担ってきた。２％物価上昇原理主義者の黒田氏は、目標物価に到達しなければ、追加異次元金融緩和を躊躇なく投入してきた。異次元緩和の逐次投入はしない、と言ったことなど、どこ吹く風とばかりに、である。

ところが、国際原油価格の下落が激しくなってきた。だから、円安が進んできたにもかかわらず、いっこうに消費者物価が上がらなかった。

だが、円安政策によって、石油製品以外の価格はかなり上昇してきた。２０１５年あたりになるとデフレの象徴である牛丼なども大幅に値上げされた。給料も上がってはいるものの、物価上昇に追い付かない。実質賃金はマイナスが続いた。

ほんらいであれば、日銀は円安誘導を止めて、輸入インフレを阻止しなければならない。だが、安倍政権の「尖兵」たる黒田日銀は、円安誘導のための追加金融緩和を続けなければならなかった。庶民のためではなく、政府との「約束」遵守のためである。

(3) インフレ目標は「憲法」違反

「日本国憲法」第29条は、「財産権は、これを侵してはならない」と規定している。財産権は、私的所有を大前提とする近代市民社会における基軸概念だからである。

ところが、この財産権を公然と侵害する政策が、政府・日銀によって遂行されている。日銀が政府の圧力に屈して、２０１３年1月に採用したインフレ目標がそれである。政府は「物価安定目標」というが間違いである。それは、あくまでも、消費者物価の低位安定であって、高位安定ではないからである。

日本は、1980年代末の不動産・資産バブルが崩壊すると長期不況に襲われ、1990年代中葉から消費者物価が持続的に下落するデフレーション（デフレ）に見舞われた。このデフレは、ほんらいであれば、政府による経済政策で克服されなければならない。不況で消費者物価が下がっているからである。それにもかかわらず、政府の無策のせいでデフレが長期化した。

だが、2012年12月に安倍政権が誕生すると「デフレは貨幣的現象」という理屈で、その克服の全責任が強引に日本銀行に押し付けられた。2013年1月には、それまで頑として拒否してきた2％のインフレ目標を設定し、目標達成のために、ゼロ金利政策の継続を始め、ありとあらゆる金融政策手段を投入する破目になった。

消費者物価上昇率を2％に引き上げるために、日銀が膨大な国債を銀行から購入し、マーケットにジャブジャブ資金を供給してきた。おかげで円安になり、輸入物価が上がり、消費者物価は上昇してきた。

ほんらい、経済活動が活発化すると、需要が拡大してモノの価格が上昇するとともに求人が増えるので賃金が上昇していき、消費者物価が上がる。その結果、景気が高揚していく。これが経済の正常な姿である。だが、現状というのは、その姿とはかけ離れたものである。

日銀がゼロ金利はおろかマイナス金利を続けても、消費者物価はなかなか上昇しない。というのは、庶民は、必要最低限のモノしか買わないからである。円安で輸入物価が上がれば、ますます財布のヒモを締めるので、モノの価格が下がる。

ゼロ金利・マイナス金利だから、株式や外国の金融商品や土地などの、より収益性だけでなくリスクの高い金融商品に資金を移せという。ほんとうに、預金が大量に引き出されたら銀行はバタバタ破綻して、銀行恐慌に襲われる。

元本保証の預貯金を選ぶか、リスク商品を選ぶかは、国民の自由である。国家がリスク商品を強制するのは、「憲法」第12条違反、すなわち自由の侵害であろう。

日銀は、国民の財産を守るために、インフレを阻止する義務を負っている。消費税率引き上げによって消費者物価上昇率が4％になっても、それを放置すれば、「憲法」はもちろん、「日本銀行法（日銀法）」違反である。

日銀は、もしインフレが発生しても、放置せざるをえない。インフレ阻止の金融政策というのは、金融の引き締めということなので、ふたたびデフレに陥ってしまうからである。デフレに対処できなかったと政治家に批判されてきた日銀は、今度は、インフレを放置しているとして、すさまじい国民の批判の嵐にさらされるであろう。

3 異次元緩和の悲惨な結末

(1) 究極の非伝統的金融政策

最後の国債購入機能

日銀の異次元緩和で、円安と株高を維持できれば、税収は増加する。事実、政府は、2016年度は57・6兆円あまりの税収を見込んでいた。日銀が政府の「経済政策」を担うということは、もっぱら巨額の国債のほか、株価指数連動投資信託(ETF)・不動産投資信託(Jリート)を買い続けるということである。

こうしたなかで、もしも、国債の利回り(長期金利)の上昇、すなわち国債価格が暴落するということにでもなれば、もっぱら国債に投資している金融機関に膨大な損失が発生し、金融恐慌が勃発する。

国債の発行金利が上昇すれば、政府には、膨大な利払い費が発生する。900兆円あまりの国債発行残高を抱える現在、もしも30兆、40兆、50兆円の利払い費となれば、国家財政が破綻してしまう。

さいわいなことに、黒田日銀が円安誘導をおこなうには、国債を買い続けるしかないので、国債価格は暴落しないし、長期金利が上昇することはない。2015年末には、新発10年物国債の利回りは0・27%まで低下した。16年2月にマイナス金利政策を導入すると、10年物国債まで一時マイナスとなった。

中央銀行の重要な機能は、ある銀行が倒産したら、それが波及しないように、健全な銀行に資金供給し、銀行恐慌の勃発を未然に防ぐことである。これが、中央銀行の「最後の貸し手機能」といわれるものである。

現在では、ギリシャのように国債を誰も買わなくなってマーケットが崩壊しそうなときに、もっぱら中央銀行が国債の買い手に踊り出て、マーケットを支える。これが、中央銀行の「最後の国債購入機能」といわれるものである。

日銀は、２０１６年10月に国債保有額が４００兆円を超えた。国債保有シェアも３割を超えた。アメリカの中央銀行（ＦＲＢ）は、米国債の13％程度しか保有していない。

日銀の国債購入額は、新規発行のじつに2倍以上の異常さである。まさに、政府の財政赤字を日銀が穴埋めする財政ファイナンスそのものである。日銀の「最後の国債購入機能」の本領発揮である。

だが、日銀は、ギリシャのように、マーケットを支えようという受動的なものではなく、能動的かつ意図的に長期金利引き下げ策をとっているところに事態の本質がある。

最後の株式購入機能

だから、安倍政権から日銀に強制されているミッションは、「最後の国債購入機能」だけではない。まさに「最後の証券（株式）購入機能」がそれである。

株価を引き上げるために、安倍政権は、年金積立金管理運用独立行政法人（ＧＰＩＦ）などにリスク資産である株式を大量に購入させている。だが、ＧＰＩＦなどの公的資金の株価引き上げ機能が低下すると、もっぱら日銀に株式購入が期待され、押し付けられている。

そこで、日銀は、２０１６年７月29日に開催した金融政策決定会合で、ＥＴＦの購入額を年３兆６０００億円からほぼ倍の６兆円に引き上げることを決定した。株価を引き上げるために、やらないはずの金融政策の逐次投入に踏み込んだ。

株価が下落しそうになると日銀が買いに入るということになれば、株価暴落の心配はない。しかも、日銀が年間最大６兆円もの資金を用意している。これは、公的資金による究極のＰＫＯ（価格維持政策）である。

ＧＰＩＦが役に立たなくなったら、今度は、株価維持を日銀におこなわせている。ＧＰＩＦと違って、日銀は、マネーを「発行」できるので、巨額の損失を計上しても世論が騒がない。しかも、日銀は、「無限」にマネーを発行できる。その限りでは、株価が暴落することはない。

これは、日銀の「最後の株式購入機能（価格維持機能）」と呼ぶべきものである。こうして、マーケットへの国家の介入によって、市場メカニズムを崩壊させる。国家独占資本主義の極致なのであろう。

年６兆円までは日銀が買ってくれるので、投資家は、株式を購入するだろうが、６兆円分を買い切れば、下落局面に入っても上げ要因とはならないので、投資家は売りに出る。経済のファンダメンタルズや企業業績などで動くマーケットが機能不全に陥る。

ここで深刻な問題は、日銀とＧＰＩＦを合わせた公的資金が、東証一部（約１９７０社）において、４社のうち１社で筆頭株主となっていることである（『日本経済新聞』２０１６年８月29日）。

最後の地価引き上げ機能

日銀の円安誘導というのは、国債・ＥＴＦ・Ｊ－リートの購入という異次元緩和でおこなわれてきた。それはまた、国債の購入で長期金利の上昇をなんとしても食い止め、ＥＴＦの購入で株価を引き上げるばかりか、Ｊ－リートの購入で地価を上昇させるためである。

まさに、「最後のＪ－リート購入機能」、すなわち「最後の地価引き上げ機能」もはたしているといえよう。

「土地本位制」の日本では、土地価格が引き上げられると土地担保貸付が活発になり、「信用創造機能」が発揮される。そのことによる幻想の経済成長が期待されている。

マイナス金利政策の導入

２０１６年１月29日、日本銀行は、金融政策決定会合で日銀初となる前代未聞のマイナス金利の導入を決定した。この決定会合では、総裁・副総裁と審議委員９人のうち、なんと４人の審議委員が反対票を投じた。

このマイナス金利というのは、銀行が日銀に預ける一定の当座預金のうち、２月16日から新たに預ける分にマイナス０・１％の金利を付すというものである。

資本主義では、資金借入者が利潤の一部を金利として、資金提供者である預金者に支払う。ところが、マイナス金利というのは、資金を預ける方が金利を支払うというものであり、利潤の一部を利子として支払うという資本主義の大原則を否定するものである。

こうした重要な政策決定会合での僅差による決定というのは、追加異次元緩和を決定した２０１４年10月31日以来のことである。もし否決されれば、ひとびとやマーケットによる中央銀行に対する信認は地に落ちてしまう。中央銀行への不信というのは、発行する通貨への信頼が低下するということであり、その結果、インフレが高進する。

（2）異次元緩和の悲惨な顛末

デフレに逆戻り

総務省が発表した２０１６年10月の消費者物価上昇率（生鮮食品を除く総合指数）は、前年同月比で０・４％低下した。マイナスは８カ月連続であった。下落幅は、13年４月以来のマイナス幅となった９月（０・５％）より縮小した。

消費者物価上昇率（同）は、異次元緩和がおこなわれた当初、２０１４年４月には１・５％（消費増税の影響を除く）まで上昇していた。デフレに逆戻りしたといってていいかもしれない。

日銀が重視している食料およびエネルギーを除く消費者物価上昇率は、前年同月から０・２％であった。しかし、この数字とても、２０１５年12月に１・３％まで上昇し、日銀は、２％のインフレ目標の達成は可能といっていたはずである。

全国のスーパーの販売情報からはじき出す物価指数「日経ＣＰＩＮｏｗ」のＴ指数は、２０１６年８月16日時点で前年比マイナス０・０１％と15年４月９日以来のマイナスとなった（『日本経済新聞』２０１６年８月19日）。マイナスとなった商品では、消費者が日常の買い物でひんぱんに購入するものが多い。

２０１５年春ごろには、円安などによる原料高などを背景に、乳製品を中心にした食料品の値上げが目立っていた。それが、原油安や円高、消費低迷が顕著になってくるにつれて、16年春以降、値上げの動きが弱まってきた。

ＩＭＦの警告

国際通貨基金（ＩＭＦ）は、２０１６年８月２日に対日審査の年次報告書を発表した（『日本経済新聞』２０１６年８月３日）。同審査は、３年半にわたる安倍政権の政策点検をおこなっている。

「アベノミクス」は、「初期は成功した」が、最近では、「物価上昇の推進力を失った」と分析している。中期的な物価上昇率では、目標の２％の早期達成はむずかしく、約１％に留まるとみていた。

金融政策については、「大規模緩和が長引けば、国債市場の流動性がさらに細り、長期金利の急変動など金融システム不安が高まる」と警告した。

経済の低成長が続くばあいには、「金融政策を長期目標に設定し直し、追加緩和がもたらす利益と中期的なリスクを慎重に比べて考えるべきである」、ときわめてまっとうな意見を述べている。

「ヘリコプターマネー」

黒田日銀総裁は、２０１６年7月29日の記者会見で、記者からいわゆる「ヘリコプターマネー（ヘリマネ）」政策についての考え方について質問され、次のように答えている。

ヘリコプターマネーについてはいろいろな定義で議論されているが、中央銀行による国債の直接引き受けを含めて財政政策と金融政策を一体として運営するということであれば、我が国を含む先進国では歴史的な経験を踏まえて制度上禁じられている。

このように、黒田氏はヘリマネを明確に否定している。この発言が、政治から完全に独立した中央銀行総裁の発言であれば、ヘリマネは、日本では不可能だということができよう。だが、安倍政権の軍門に下り、その「支配」下にある日銀ではそうはいかない。

２０１６年7月28日付『日本経済新聞』の「大機小機」というコラムに次のような面白い記事が掲載されていた。

「ヘリコプターマネーもインフレ目標のもとで緩慢に進めるルールを設定すれば、超インフレにはならないし、それこそがインフレ目標の意義でもある」と。

たしかに、日銀の国債の直接引き受けは、「財政法」で禁止されている。もちろん、但し書きで、国会の議決があれば、議決の範囲で日銀は政府から直接国債を引き受けられる。

ただ、この但し書きは、借り換え債に関する規定であると解釈されてきた。日銀の保有する償還期限のきた国債を現金ではなく、借り換え債で引き受けるというものである。さすがに、安倍政権といえども、この但し書きを根拠に日銀に国債を引き取らせることはできないだろう。

したがって、返済の不要な無利子（できればマイナス金利）永久国債を銀行に買わせて、日銀がそれより高値で購入すればよい。銀行に儲けさせることができる。償還期限はないので、政府にとって、企業の「自己資本」のようなものとなるかもしれない。

政府債務にはならないので、「大機小機」氏のいうように、「ヘリマネ」を緩慢に進めるルールを設定したとしても、おっつけインフレが高進することになるであろう。安倍氏が、高い内閣支持率を維持すべく「ヘリマネ政策」を利用することは明らかだからである。

異次元緩和の総括的検証

日本銀行は、２０１６年９月21日の金融政策決定会合で、３年半にわたって続けてきた異次元緩和についての総括的検証をおこなった。

もちろん、ここで、マイナス金利付き量的・質的金融緩和の破綻を認めることはなかった。リフレ派の経済実験の壮大なる失敗を認めてしまうと、日銀総裁・副総裁は、この日限りで、責任を取って辞任しなければならないからである。したがって、量的・質的金融緩和自体の正当性には、いささかの疑念もないという。

２％の物価安定目標を実現できなかったのは、原油価格の暴落、消費増税による消費の減退、新興諸国経済の低迷など、金融政策以外の要因によるものであると断言している。そうであるとすれば、このままマイナス金利付き量的・質的金融緩和を続ければよい。

ところが、これまでの年80兆円の国債購入によるベースマネーの規模を拡大する量重視から金利の重視に転換するという。日銀が80兆円もの国債を買い続けると、２０１７年には、マーケットに購入できる国債はなくなりかねないからであろう。

量的金融緩和をおこなえば、２年間で２％の消費者物価上昇は実現できると断言したのに、３年半たったらむしろ物価上昇率マイナスのデフレ状態に戻っている。これが量的・質的金融緩和の失敗でなくて何なのであろうか。

総括的検証に基づいて、今度は、長短金利操作付き量的・質的金融緩和をおこなうという。なんと、中央銀行が操作することはできないといわれている長期金利をコントロールしようというものである。

日銀のホームページにも、「思いのままに動かすことができない」と書いていたが、２０１６年11月７日に変更された。「マイナス金利と大規模な国債買い入れの組み合わせが、長短金利全体に影響を与えるうえで、有効」とわかったと。中央銀行が、マーケットをコントロールできると宣言したのである。

マイナス金利政策のおかげで、しばらく10年物までの国債はマイナスに、10年超〜40年物国債は金利が急低下したので、年金基金や生保資金など長期資金の行き所がなくなった。株式を買えということであるが、長期資金はリスク資産に大量に投資できない。

そこで、10年物国債金利をゼロ近辺に、10年物超の国債の金利を償還期間が長くなるほど高くしようという。長期金利を日銀がコントロールしようというものである。これこそ、まさにマーケットの「国家統制」である。

しかも、期限を区切らず２％の物価安定目標を実現するまで、長短金利操作付き・マイナス金利付き量的・質的金融緩和を続けるという。

量的・質的金融緩和（異次元緩和）が許されるとすれば、それは、あくまで超円高・デフレ不況克服のための非常手段であり、究極の非伝統的金融政策なので、２年間くらいの短期決戦型「劇薬」である。そうしないと深刻な副作用が噴出する。

この「劇薬」が治療にはほとんどきかなかったのであるから、服用をやめなければならなかった。ところが、総裁と日銀出身を除く副総裁は「保身」にはしり、責任回避に汲々としている。

リフレ派の敗北宣言

「アベノミクス」なるものを理論面から支えてきた浜田宏一エール大学名誉教授は、次のように、デフレ脱却に金融政策だけでは不十分なことを認めた（『日本経済新聞』２０１６年11月15日）。

私がかつて「デフレは（通貨供給量の少なさに起因する）マネタリーな現象だ」と主張していたのは事実で、学者として以前言っていたことと考えが変わったことは認めなければならない。

こんなことは、当初からリフレを批判する研究者が言い続けてきたことである。この発言は、ちょうどトランプ氏がアメリカ大統領に当選したころのことである。トランプ氏当選が決まると、１兆ドルの公共投資、法人税の35％から15％への引き下げ、金融規制緩和などをぶち上げた。しかも、12月にはアメリカの中央銀行（ＦＲＢ）が利上げをすることは確実であった。おかげで、急激にドル高・円安に転換した。

量的緩和というのは、それまでの金利操作では有効に金融政策の効果が発揮できないのでおこなわれたはずである。ところが、長短金利操作付き量的・質的金融緩和というのは、量的緩和が効果を発揮できないので、金利操作に戻すというものである。しかも、10年物国債ですらマイナスになっていたものをゼロ近辺に戻すというのであるから、事実上の金融引き締めである。

だが、公共投資による財政赤字増大懸念から、アメリカの長期金利が上昇した。そうすると、日銀による長短金利操作付き量的・質的金融緩和は、長期金利を上げないというものなので、「先見の明」があるとまでいわれた。

日銀も安倍政権も、トランプ現象による円安への転換で、とりあえずホッと胸をなで下ろしたことであろう。だが、「アメリカ・ファースト」を掲げるトランプ政権が、いつまでも自国製造業に負担をかけるドル高・円安を容認するとはおもえない。事実、大統領に就任するや、日本の円安を攻撃してきた。

第6章　財政大破綻とインフレの高進

1　オリンピック「恐慌」へ

(1) オリンピックという第四の矢

オリンピックは第四の矢か

2020年に東京でオリンピック・パラリンピックが開催される。1964年以来、56年ぶりのことである。日本国民の総力をあげて成功させたいものである。

しかしながら、現状では、残念ながらオリンピックを成功させるという大義名分のもとで、不要不急な公共投資がどんどんおこなわれる可能性が高い。オリンピックのためとすれば、国家予算は、なんでも通るが如きだからである。これに、反対しようものなら、「非国民」の烙印を押されそうである。

しかも、安倍政権は、東京五輪・パラリンピックの開催を「アベノミクス」の新旧三本の矢に次ぐ第四の矢にしているようにみえる。だが、実際には、旧第三の矢のうち第二の矢の財政政策に入るのであろう。

第四の矢ということであれば、あらゆる公共投資がオリンピック成功のためという大義名分のもとで、すべて認められるということになる。まさに、２０２０年までは、膨大な公共投資という「成長戦略」で成長していくことになるであろう。その帰結は、きわめて深刻なものとならざるをえない。

オリンピックに便乗

各省庁は、２０１６年度予算でオリンピックのためと称するさまざまな概算要求で膨れ上がった。

たとえば農林水産省は、「五輪で来日した外国人に日本の花の魅力を知ってもらいたい」として、オリンピックで来日する外国人に、国産の花の魅力を伝えるフラワー安定供給体制の整備費を10億円要求した。文部科学省は、オリンピックにむけた文化イベントとして、リーディングプロジェクトに新規で13億円要求した。

内閣府は、首都直下型地震の対策を「五輪の成功」のためとして、1億円要求した。環境省は、外国人向けの熱中症対策のパンフレット作成のために1億円、公園施設のユニバーサルデザイン化のために新規で22億円、アサリなどの水生生物で東京湾を浄化する沿岸地域環境改善技術評価事業に５０００万円要求した。

経済産業省は、海外投資を呼び込む産業モデルの創出のために、新規に60億円要求し、「五輪に向けて」という項目で、日本貿易振興機構（ジェトロ）の運営交付金244億円を要求した。

もちろん、2015年11月に政府は、税金の無駄遣いがないか検証する行政事業レビューをおこなった。ここで、オリンピックを名目としながら、関連性や妥当性が低く便乗と批判された環境省の沿岸地域環境改善技術評価事業、農林水産省のフラワー安定供給体制の整備費は15年度まで予算が認められていたが、廃止されることになった。文部科学省のリーディングプロジェクトは、予算化そのものをしないことになった。

ただし、検証が十分になされずに、賛否があいまいにされた事業は、継続されることになった。これから、どんどん便乗予算要求が出てくることは間違いない。

(2) お粗末な計画
新国立競技場建設案のドタバタ劇

2015年6月に下村博文文部科学大臣は、東京五輪・パラリンピックのメイン会場となる新国立競技場の工費を2520億円と発表した。その後、維持管理費も50年間で1046億円にのぼるという見通しも明らかにされた。ここから新国立競技場建設のドタバタ劇が始まった。そもそも、東京へのオリンピック招致申請ファイルでは工費1000億円とされていた。

2012年11月にデザインが決まり、13年7月には、このデザインで建設すると工費はなんと3462億円と試算された。2015年1月になると施工予定のゼネコンが工費3088億円、しかも19

年3月の完成予定に間に合わないとの見通しを示した。

文部科学大臣は、施工予定のゼネコンの工費の見通しより500億円あまり減らしたからいいではないかと言わんばかりであった。工費は、スポーツくじだけでなく、税金からも投入される。

2012年ロンドン・オリンピックのメイン会場の工費は、約580億円にすぎなかった。

予想以上の難工事を強いられるためのようであったが、この建設案が発表されるや、なぜそんなに金をかけるのか、しかもロンドンの四倍以上とは、と轟々たる批判が、日本中に渦巻いた。ときあたかも、国会では、「安保法案」が審議されていた。ただでさえ反対の多い法案を審議しているときに、こんな税金の無駄遣いとはと、内閣支持率が急低下しかかったそうである。

そこで、安倍氏は、2015年7月17日に新国立競技場の建設計画を白紙に戻した。首相の「大英断」で税金の無駄遣いを回避したと言わんばかりであった。

新たに設計・施工を募集した結果、2015年12月に、工費1489億円の建設案が決定した。いくら工事費が高騰しているといっても、まだロンドンの三倍である。

ふくらむオリンピック開催・関連費用

東京へのオリンピック・パラリンピック招致の段階での開催・関連費用は、7340億円程度でおさまるはずであった。ところが新国立競技場の建設費の一件をみてもわかるように、開催・関連費用が膨れ上がることは明らかである。

組織委員会は、資材などの高騰を理由に挙げているが、最終的に２兆円を超すかもしれないといわれている。それでも多いのかもしれないが、オリンピックの開催・関連費用がこの程度ですめば、まだ、いいほうなのかもしれない。２兆円以下に抑えるとしているが、そんなことを信用する人はいない。問題は、オリンピック開催を契機に、オリンピックにかこつけて、さまざまな公共投資がおこなわれる可能性がきわめて高いことである。

前回のオリンピックでは、東海道新幹線が開通した。「夢の超特急」と喧伝され胸がワクワクしたことを覚えている。

いままさに、リニア中央新幹線が着工されようとしている。なぜかワクワクしない。オリンピックまでには間に合わないのに、オリンピックがあるからと着工される手はずとなっている。大阪まで伸ばすと、工事は、２０４５年まで続く。総工費なんと８兆４０００億円という。

成田空港と羽田空港を結ぶ都心直結線が、オリンピックを契機に建設が開始されるかもしれない。総工費４０００億円である。高速道路の整備もおこなわれる。前回のオリンピックで建設された首都高速道路は、改修の時期にいたっている。オリンピックを契機に改修されるかもしれないが、工費は、１兆円あまりかかるという。

（３）オリンピック恐慌へ

２０００年のシドニーオリンピック開催年のオーストラリアの実質ＧＤＰは３・２％の成長であっ

たが、翌年には２・５％の景気後退となった。04年のアテネ（ギリシャ）では、開催年が５・０６％の成長であったが、翌年には０・６％の景気後退となった。

２００８年の北京（中国）では、開催年が９・６％の成長であったが、翌年には９・２％の景気後退となった。ただし、これは、リーマン・ショックによる世界的な景気後退によるところが大きいとかんがえられる。２０１２年のロンドン（イギリス）では、開催年が１・３１％の成長であったが、翌年は１・９１％（ただしＩＭＦの予測）の成長であった。

このように、オリンピック・パラリンピック開催国は、開催翌年に景気後退に見舞われることが多いようである。とくに、ギリシャは、オリンピック開催後に景気が悪化し、財政危機に陥り、ＥＵやＩＭＦから金融支援を受けている。

前回の東京オリンピック後にも、昭和40年不況に見舞われた。景気対策のために、戦後初の国債の発行を迫られた。ただ、まだ日本は、高度成長期だったので、じきにいざなぎ景気にめぐまれ、深刻な不況に陥ることはなかった。

ところが、今回の東京五輪・パラリンピックが開催された後に、好景気がくることはない。むしろ、建設ブームと訪日客ブームの終了で、戦後最悪の不況に見舞われるかもしれない。

したがって、国際オリンピック委員会（ＩＯＣ）が望んでいるように、オリンピック・パラリンピックは、徹底的に簡素に開催しなければならないのである。そうしないと開催国候補に名乗り出る国がなくなってしまう。

２兆円を超すといわれた開催費用が、２０１６年12月の四者協議で１・６兆〜１・８兆円に圧縮されたが、関連費用は含まれていない。国民は冷めている。こんなものですむとは誰もおもっていないからであろう。

２　公共投資と軍備増強

（１）公共投資しかやらない安倍政権

成長戦略としての公共投資

安倍政権は、日本経済を持続的に成長させるためと称する経済成長戦略を何度か提示してきた。しかし、発表するたびに株価が下落した。成長戦略になっていないからである。

いまだに、医療・農業・労働分野の岩盤規制にメスを入れられていない。抜本的な規制緩和をおこなおうとすれば、既得権益者から頑強な抵抗を受けるからだといわれる。もちろん、健全経済に不可欠な規制もあるので、あまりメスが入れられてはいけないが。

問題は、もはや資本主義は成長が停止しているという、この一点にある。もしそうだとすれば、安易に経済を成長させようとすれば、旧態依然たる公共投資（公共事業）しかないということになる。

ただ、従来のような公共投資ではないところに大きな特徴がある。東日本大震災からの復興のための公共投資や、橋や高速道路など老朽化したインフラ整備、すなわち国土強靭化政策は、人命を守るためにどうしても必要だからである。

そして、東日本大震災からの復興と国土強靭化政策に、新たな「公共投資」が加わった。2020年に開催される予定の東京五輪・パラリンピックがそれである。

すさまじい公共投資へ

もちろん、スポーツの祭典の東京開催を成功させたいという気持ちは皆が同じであろうが、問題は、オリンピック開催を大義名分にして、ありとあらゆる公共投資（公共事業）がおこなわれるのではないかということである。

さらに、中国の海洋進出、北朝鮮の核武装化などで、日本の防衛費も膨れ上がっている。2016年度予算では、防衛費はついに5兆円の大台を突破した。17年度予算では、前年度より710億円多い過去最大の5兆1251億円に増額された。

だが、どうしても必要な震災復興、国土強靭化にくわえて、オリンピック・パラリンピックにかこつけた「便乗」公共投資を大規模に断行するのに、日本の財政は耐えられるのであろうか。

おそらく、安倍政権は、オリンピックの成功という大義名分を振りかざして、ありとあらゆる公共投資をおこなうであろう。その結果、2020年までは、国内総生産（GDP）は、年率で3％程度の伸びを示すかもしれない。そうすれば、2020年までに、名目GDP600兆円という「公約」を実現できるだろう。

(2) 防衛・外交費の増加

過去最高の国防費

２０１６年度の防衛費の総額は５兆５４１億円で、過去最高だった15年度の４兆９８０１億円から1・５％の増加となった。17年度予算は５兆１２５１億円となった。

防衛費は、２００２年度の４兆９５５７億円をピークに12年度まで減少していた。安倍氏が政権復帰した13年度で増額となり、その後、４年連続で増額されている。それは、中国の海洋進出、北朝鮮の核開発などアジアにおける安全保障環境が変化したからであるという。

日米両政府は２０１５年12月16日に、いわゆる「思いやり予算（在日米軍駐留経費の日本側の負担）」を16年度から５年間で総額９４６５億円とすることで合意した。これは、15年度までの５年間と比べて１・４％増である。

これらのほかに、在日米軍に関連する日本負担を含めると年５０００億円を超え、防衛省以外が所管する基地交付金などを含めると７０００兆円を超えるといわれている。それでも、米トランプ政権は、さらに負担をしろという。

無駄の権化たる在外公館

２０１６年度予算案で４カ国の大使館の新設が認められた。これらのなかには、在留邦人が15人、進出日本企業がゼロという国もある。どうして大使館が必要なのだろうか。

安倍氏は、政権復帰後の3年間だけで11の大使館を新設した。大使館数は、134から149にも膨れ上がった。2015年度の大使館予算の合計額も1299億円で、12年度当初予算1082億円から217億円も膨れ上がっている。

高額ワインの大量購入とか、大使館の地下にプールを建設するとか、とかく外務省と大使館の無駄遣いが多いことが指摘されている。天文学的財政赤字を抱える日本で、大使館は減らすのはとうぜんのことである。

3　日米欧の財政状況

(1) 財政健全化にむかう欧米諸国

ドイツは、2014年度についに単年度で財政黒字となった。政府債務残高のGDP比は、まだ80%程度ではあるが、いずれ、正常範囲といわれる60%程度に低下するであろう。

2009年に国債依存度が日本とほぼ同じであったフランスは、年金給付や公共事業の削減を進め、2016年度は23・8%(日本は35・6%)まで低下させている。

アメリカは、上下両院のねじれ現象によって、以前の野党共和党が財政赤字削減を強硬に政府に迫ってきた。すでに、2011年には、公共事業などの歳出を10年間で9000億ドル減らす「予算管理法」を成立させた。

トランプ政権は、1兆ドルの公共投資、法人税の大幅減税などをおこなうとしているが、大きな政府を嫌う与党共和党が財政赤字の拡大を無節操に認めるとはかんがえづらいことである。

このように、欧米諸国は、財政再建を着実に進めているにもかかわらず、日本の財政赤字だけが膨れ上がっている。ここに、日本の悲劇がある。すなわち、日米欧で同時に財政危機に陥り、財政と中央銀行が出動するのであれば、円・ドル・ユーロの為替相場は不変である。日米欧の同時金融緩和をおこなわざるをえないからである。

ところが、アメリカの中央銀行（ＦＲＢ）は、２０１４年10月にＱＥ３（量的緩和）を終了し、15年12月にゼロ金利を解除した。16年12月には二度目の利上げをおこなった。

欧州中央銀行（ＥＣＢ）は、２０１５年2月に量的緩和に踏み込むとともに、銀行間市場金利をマイナスにしている。それは、デフレをなんとしても阻止するためである。それでも、ＥＣＢの一支店にすぎないドイツ連邦銀行の反対はすさまじい。ユーロ導入国で構成されるユーロ圏は、財政赤字の削減に取り組んでいる。各国「憲法」にも健全財政の実現を謳っている。

（２）絶望的な日本の財政赤字

膨れ上がる財政赤字

日本は、国債発行残高９１８兆円あまり、政府債務残高（国と地方を合計した債務の残高）が２０１６年12月末に１０６６兆円と膨れ上がっても、国債発行によって超低金利で資金調達を続けている（図５参照）。

図 5　債務残高の国際比較（対 GDP 比）

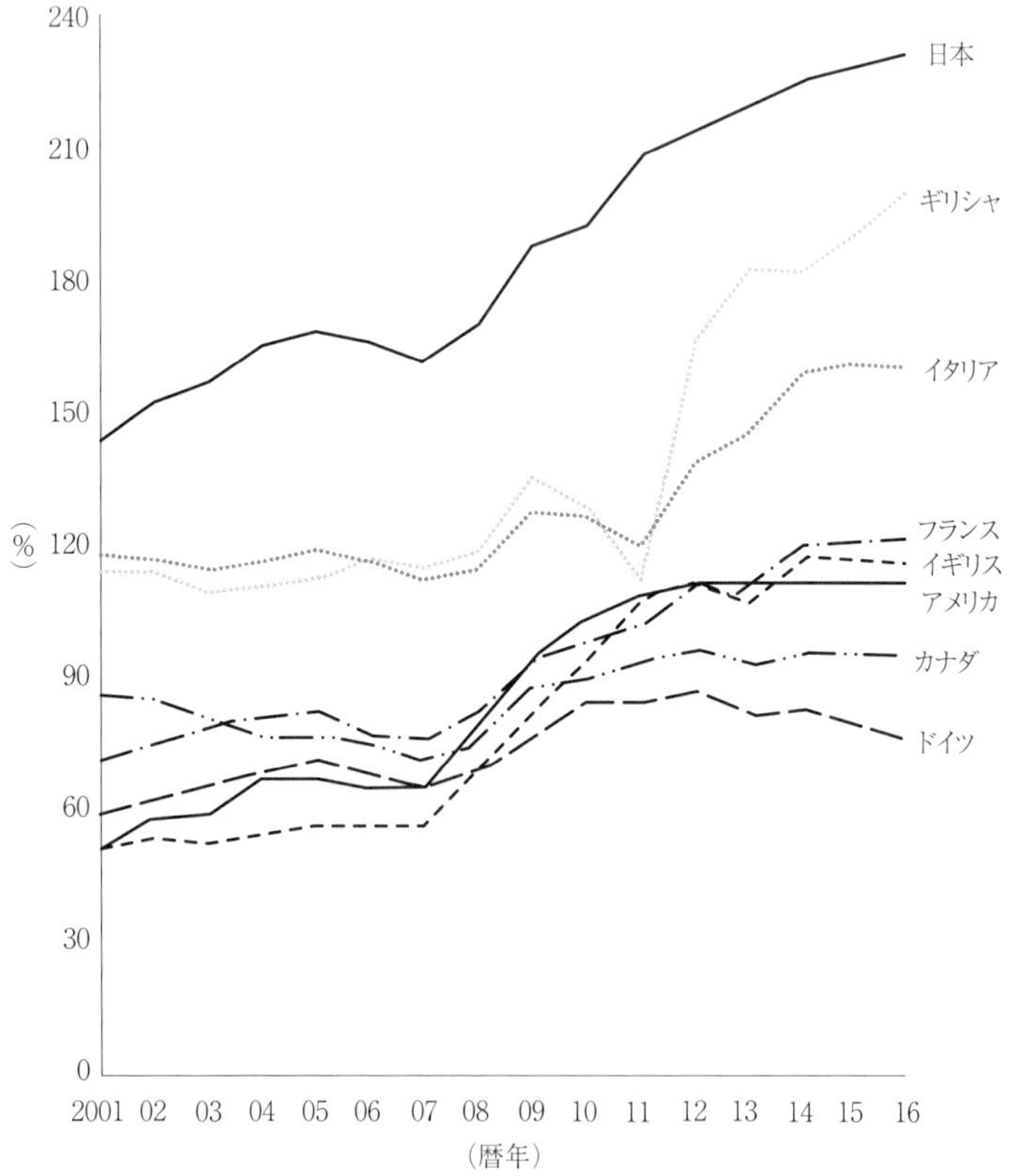

（出所）財務省。

安倍政権は、２０１６年度予算で国債新規発行額を40兆円から37兆円に３兆円減らしたと、17年度予算では、34兆３６９８億円と６２２億円減らしたという。そのカラクリは。

外国為替特別会計（外為特会）から２兆円を歳入に組み入れている。16年度では１兆６０００億円を組み入れた。ほんらい、こんなことはできないはずである。たまたま、トランプ氏が米大統領に当選し、一時的に円安になっただけのことだからである。

トランプ政権が円安批判をおこなったら、あっというまに円高に転換するだろう。そうしたら、こんどは、外為特会に一般会計から補てんしなければならなくなる。

安倍政権は、消費税率の引き上げは、福祉の充実と財政赤字削減のためにおこなったはずなのに、あいかわらず多額の公共投資を続けている。

日銀の異次元緩和で10年物国債金利が一時マイナス０・３％あまりというとんでもない水準にまで低下した。欧米と違って、日本では、財政赤字が極端に膨れ上がってから、欧米に遅れて、中央銀行が前面に出てきたところに深刻な問題がある。

日本の政府債務残高１０６６兆円のうち、国債発行残高９１８兆円あまりを抜本的に減らすというのは、不可能である。毎年10兆円の財政黒字を計上しても、半分にするのに、じつに45年あまりの歳月が必要だからである。

２０１６年度の税収見通しが57・６兆円なのに、歳出は96・７兆円にも達した。17年度予算の税収見通しが57・７兆円なのに、歳出は97・５兆円である。これを黒字化することは不可能であるし、国債収入と国債利払い費を差し引いたプライマリーバランスを黒字にするのもかなり難しい。

消費税率を20％に引き上げれば、プライマリーバランスが黒字化し、財政赤字の削減は可能となる。だが、日本では、税収が増えると、増えた分を景気対策として、公共投資などにまわす傾向にあり、財政健全化はかなり難しい。

欧米諸国のように歳出の大幅な削減をおこなうと、景気は著しく後退するので、日本では実行することはできない。結局は、日銀が大量のマネーの供給によって、円安誘導と国債の金利を低位に維持しなければならない。

もしも、国債価格が下落して、長期金利が上昇すれば、日銀と銀行の保有国債で膨大な損失を被るとともに、政府の国債利払い費が激増し、国家財政が破綻する。内閣府の試算では、長期金利が２０２３年度に２・５％に達すると国債費は、16年度予算の23・６兆円から38兆円に増加になるという。これは、社会保障費の38・５兆円に迫る額である。

不可能な日本での財政再建

ほんらいであれば、徹底的な歳出削減努力をして歳出を60兆円規模に縮小し、累進課税をもとに戻すとともに、消費税率を20％に引き上げれば、歳入は80兆円くらいになる。ここで財政黒字が20兆円くらい出るので、これで国債を償還すればいい。

国債の発行残高は９１８兆円くらいなので、長期金利が１％程度であれば、20年あまりで半分になる。これが緊縮財政による健全財政実現の王道である。

この決断をしないかぎり、日本経済は崩壊する。欧米諸国がそうであるように、緊縮財政は景気の後退政策であるので、日本銀行が前面に登場するしかない。資産バブルが再現されるリスクを覚悟のうえで、景気の落ち込みを中央銀行が阻止するということである。

もちろん、こんな極端な緊縮財政などできるはずもない。したがって、日本では、日銀の異次元緩和による景気の高揚により、税収を増加させて財政を再建するという非現実的な政策をおこなってい る。これをかつて小泉政権は「上げ潮政策」と呼んだ。

ところが、不動産・資産バブルの絶頂期ですら税収はたかだか60兆円であった。消費税の導入や消費税率の引き上げのときに、所得税減税などがおこなわれたので、税収は消費税の税収分ほどは増えなかったからである。

このようにみてくると、日本では、緊縮財政努力による健全財政の実現は不可能であることがわかる。もしも、成長が停止している現段階で、実物インフレではなく、景気を高揚させるとすれば、資産バブルを起こすことしかない。ただ、それでも、現状の57兆円あまりの税収がたかだか60兆円に増えるだけである。

もちろん、長期金利の上昇はなんとしてもさけなければならない。住宅ローン金利が上昇して、住宅市場が冷え込み、企業の資金調達コストも上がるし、なによりも国債の金利が１％上昇しただけで利払い費は数兆円増えるだけでなく、日本銀行や金融機関が保有する国債価格が下落するので、膨大な損失を被ってしまうからである。

中央銀行の全面出動

日米欧で事実上のデフレ状態に陥っていたので、その克服のために、中央銀行が前面に登場せざるをえなくなった。中央銀行によるいわば「最後の景気テコ入れ機能」のフル稼働である。その結果、2017年の前後に、欧米諸国で消費者物価上昇率は2％近辺に到達している。

このまま事態が進展すれば、欧米諸国、とくにアメリカでは資産バブル、すなわち資産インフレが、日本では資産インフレはもちろんのこと、消費者物価上昇という実物インフレが同時に発生する可能性が高い。

というのは、欧米諸国は、緊縮財政努力によって、健全財政に復帰する可能性が高いものの、景気が低迷する可能性が高いからである。新興国の景気も後退局面に突入している。ただし、アメリカでは、トランプ政権の登場で財政出動による景気へのテコ入れがおこなわれようとしている。だが、アメリカでの財政赤字の拡大には限界がある。

景気のテコ入れとデフレ状態に戻らないために、欧米諸国中央銀行は、利上げなどはおこなうものの、長期金利を低位にしておかなければならない。そのために国債などを購入するが、その中心は、住宅ローン担保証券などの証券化商品であろう。

2016年度に1066兆円（国債発行残高918兆円あまり）となる政府債務残高を抱える日本で

は、いずれ国債の国内消化が不可能になるのは必定である。国内に買い手がいなくなるからである。

4　財政破綻とインフレ

(1)財政ファイナンス

枯渇する個人金融純資産

ギリシャ危機が発生したときに、マスコミは、日本もギリシャのようになるとのキャンペーンをはった。しかし、ヨーロッパ経済の研究者は、マスコミなどの取材に、「逆である。日本はギリシャのようにすらなれない」と答えたものである。

日本の政府債務のうち、国債は、ほとんど国内で消化されている。デフレ下で運用先のなかった銀行は、もっぱら国債を購入した。政府が大量に国債を発行できたのは、そのためである。

日本は、すでに10年前に債務の返済が不可能になっていたのに、銀行などは、せっせと国債を買った。そのときにギリシャのようになっていれば、ここまでの天文学的政府債務残高など積み上がらなかったはずである。

外国人が多くの国債を保有しているギリシャなどでは、そうはいかない。返済が難しくなると国債が売れなくなるからである。借金の借り換えができなくなる。すさまじい財政再建が迫られるのは、そのためである。

ところが、国内で新たに日本国債を購入できる資金は、もはや200兆円も残されていないといわれている。これから東京五輪・パラリンピックまで、毎年40兆円あまり、あるいはそれ以上の新発国債が発行されると、個人金融純資産はほぼ枯渇する。

国債消化のためには、銀行預金などから資金が移動しなければならないということである。そのためには、国債の金利を引き上げなければならない。国債金利が上昇すると恐ろしい事態が発生する。財政破綻と銀行恐慌の同時勃発がそれである。国債金利が１％上昇しただけで、国債発行残高９１８兆円あまりの支払金利が４兆～５兆円増加する。

大量の国債に投資している銀行にとって、国債金利が上昇するということは国債価格が下落するということなので、数兆円から数十兆円の損失を計上し、経営体質の弱い銀行からバタバタ倒産する。メガバンクは、保有国債を売り抜けているが、その他の銀行は、それほどでもないからである。

異次元緩和で大量の国債を購入している日本銀行にも膨大な損失が発生し、日銀券の信認が暴落する。このような事態を回避できる唯一の方法は、日本銀行が前面に出ることである。

日銀による財政ファイナンス

政府は、中央銀行である日本銀行を「打ち出の小槌」にすることができる。というのは、日銀だけが通貨である日銀券を発行する権利を政府から認められているからである。

したがって、中央銀行を「打ち出の小槌」にしないように、政府からの中央銀行の独立性が確保されなければならないのである。新「日本銀行法」で、日銀の独立性がはっきりと規定されているのはそのためである。

ところが、安倍氏は、日銀を「恫喝」して、政府の言うことを聞かなければ、法改正（改悪）して、日銀総裁の首を切れるようにすると息巻いたことがある。

政府の軍門に下った日銀は、異次元緩和と称して、メチャクチャな金融緩和をおこなっている。発行された日本国債をなんと４００兆円あまりも購入している。

個人金融純資産が枯渇すれば、長期金利が上昇していくことになるが、これをなんとしても阻止するために、もっぱら日銀が国債を購入するしかなくなる。中央銀行の「最後の貸し手機能」ならぬ、「最後の国債購入機能」のフル出動である。最後は、無利子（できればマイナス金利で）永久国債の発行となる。

日銀だけが日銀券を発行できるので、日銀は、際限なく国債を購入することができる。黒田氏は、インフレ高進を回避するために、日銀券の発行額を保有国債の範囲におさえるという銀行券ルールを早々に停止したので、心おきなく日銀は国債を購入できる。

いずれ、日銀は、国債発行残高のほとんどを保有せざるをえなくなるだろう。だが、ある時点から、無利子（マイナス金利）永久国債を購入することになるはずなので、マーケットに悪影響を与えることはない。ただし、日銀券が大量にマーケットに出回るので、発行する日銀券の劣化、すなわちインフレが高進する。それをさらに加速させるのが円安の高進である。

(2) インフレの高進

日本でのインフレ

こうしたなかで、国債消化を円滑にし、長期金利を低位に留め、株式市場と不動産市場にテコ入れするために、政治に屈服した日銀は、あらゆる期間の日本国債、株価指数連動投資信託（ＥＴＦ）、不動産投資信託（Ｊ-リート）をさらに大規模に追加購入してきた。

日銀は、政府の発行する新規国債のほとんどを購入しているので、新発国債が年間37兆円として、そのくらいのマネーが日銀からマーケットに流出する。さらに、国債を増発しても政府は低金利で資金を調達できる。マーケットが消化不良となれば、今度は、無利子（マイナス金利）永久国債が発行され、日銀が銀行経由でいくらでも購入するはずである。

災害に強い国土を作り上げるとか、オリンピック・パラリンピック開催のために世界に誇れる都市を作るなどという大義名分のもとに大規模な公共投資がおこなわれれば、国民は反対しないし、むしろ景気が高揚し、安倍政権の内閣支持率が上昇する。

だが、新規マネーがマーケットに大量に流入するので実物インフレが進むとともに、円安が加速する。この国債発行というのは、事実上の日銀の国債（間接？）引き受けにほかならないからである。日銀による国債の直接引き受けが禁止されている以上、銀行にいったん買わせて、それを日銀が多少高く銀行から買うので、銀行も儲けられる。

株価や地価を引き上げるために、ＥＴＦやリートも買い進むことになるので、株価と地価が高騰して、資産インフレがもたらされる可能性も高い。

実物インフレを激しいものにするのは、円安のさらなる進行である。欧米で消費者物価が安定していて、日本だけが実物インフレになると円安が進むが、日銀による国債、ＥＴＦ、リートなどの大量購入でさらなる金融緩和がおこなわれると輪をかけて円安になる。

日本では、円安が進むとなぜか喜ばれるが、じつは、経済にかなり深刻な打撃を与える。輸入物価がはね上がって、実物インフレがさらに激しくなるとともに、外資は為替で大損するので、日本から資金を引き揚げるからである。

さらに、日本での預金も実物インフレを嫌って外国に流出するので、銀行が倒産する可能性が高くなる。金融機関への大規模な公的資金の投入が必要になり、財政赤字がさらに増える。

政府債務残高のＧＤＰ比１００％へ

したがって、円安の高進をなんとしても止めなければならない。その方法として、ひとつは、戦前、インフレが高進するときにおこなわれたように、外国との資金取引を禁止することである。ただ、国際金融市場がここまで自由化された現状では不可能である。

もうひとつは、政府が為替介入をおこなって、過度の円安の進行を食い止めることであるが、外貨準備１００兆円規模では焼け石に水である。

こうして、資産インフレと消費者物価が上昇する実物インフレが高進するが、消費者物価上昇率を最高でも10％程度に留めておかないと日本経済は崩壊してしまう。デフレ克服が政府と日銀の悲願であったが、ここで、本来の2％のインフレ目標（物価安定目標）実現に向けて、政府と日銀が毅然とした政策を打てるかが問われる。だが、難しい。

日銀が長期金利を2％程度に抑えることができて、消費者物価上昇率10％が数年続けば、1000兆円あまりの政府債務残高はほぼそのままなのに、名目GDPは1000兆円をゆうに超え、安倍氏の目標を実現できる。いつの間にか、政府債務残高のGDP比100％あまりとなる。

健全財政ともいえないが、現代の成長戦略と新たな分配政策を採ることができれば、日本経済は新ステージに移行できるかもしれない。

欧米諸国は、かろうじて自主的な緊縮財政政策により健全財政に生まれ変わることができる可能性があるが、日本の財政赤字はそれを許さない絶望的な規模である。ただ、アメリカのトランプ政権が、財政出動による景気対策を採ると、健全財政への道が遠のくかもしれない。

結局は、実物「インフレ税」という形で、預貯金者や国債保有者の犠牲のもとに、政府や企業の債務を激減させる道しか残されていないだろう。だが、その代償は大きい。

第7章　日本経済の破局と定常型社会

1　日本経済の破局

（1）平成大不況の最終局面

経済成長の停止

明治以来、最初で最後の高度経済成長は、1970年代初頭に終結した。もはや「自律的」には、ダイナミックな経済成長ができなくなった。そこで、不動産・資産バブルという形で実体経済の成長がはかられた。

1990年代初頭に不動産バブルが崩壊すると、平成大不況に突入した。この大不況は、衰退産業の退出・成長産業の育成を強制するものであった。ところが、政府の巨額の財政出動と日銀の超低金利政策で衰退産業が温存された。

産業構造の大転換がおこなわれなかったので、ただでさえ成長が停止している経済の閉塞状況はいっこうに改善されることはなかった。政府の財政出動と日銀の超低金利政策は、ほんとうの恐慌に陥るのを回避したにすぎなかった。

だが、景気が低迷するのに、財政赤字が膨れ上がるだけであり、ケネス・ロゴフの実証研究で検証されたとおりさらに成長率が低下した。超低金利によって、預貯金者はほんらい得られるはずの金利を獲得できず個人消費が冷え込み、景気の後退に拍車をかけた。

平成大不況は、長期化しているが、衰退産業の退出・成長産業の育成と天文学的財政赤字の克服により、最後的に終息する。まさに、平成大不況の最終局面にいたっているのであるが、安倍政権の登場で、そのグロテスクな最終的幕引きがおこなわれる可能性が高い。それが安倍恐慌（オリンピック恐慌）である。

安倍政権の歴史的性格

２０１２年12月に登場した安倍政権は、みずからの意に沿う人物を日銀総裁・副総裁に据えて常識はずれの金融緩和をおこなわせている。日銀は、円安誘導によって、一時は輸入インフレをもたらした。トランプ米大統領が、就任早々、日本は為替操作をしていると批判したが、この批判だけはまっとうなものかもしれない。

安倍氏は、デフレを克服したではないかと胸を張る。だが、消費は増えない。天文学的財政赤字下では、庶民は節約と貯蓄にはしるからである。そこで、公的資金を大量投入して株価引き上げをはかり、人為的にマーケットの操作をおこなってきた。外資を日本のマーケットに誘導するためである。財政出動、武器輸出の解禁と防衛費の拡大で、景気のテコ入れをはかっている。それだけであれば、そんなに深刻になる必要はないかもしれない。

問題は、安倍氏が、みずからの政治信念の実現のために、経済を内閣支持率の引き上げの「道具」、あるいは「手段」に使っていることである。その政治信念とは、「憲法」改正（改悪）により、政治的・軍事的に世界から高く評価される国にするということである。

そうしたなかで、安倍氏に幸運が舞い込んだ。２０２０年の東京五輪・パラリンピックの開催決定がそれである。安倍氏の、福島第一原発は「アンダーコントロール」という「虚偽」のアピールのおかげだったのであろうか。

こうして、オリンピックの大成功ということを大義名分にして、大手を振って、あらゆる経済政策・財政政策を動員できる。オリンピックまでは、景気の高揚をはかることができる。お金は、「支配」下に置いた日銀がいくらでも出してくれるはずである。

こうして、２０２０年安倍恐慌（オリンピック恐慌）に向けて、日本は一直線に転がり落ちつつある。これぞ、平成大不況を「グロテスク」に終息させるべく登場した安倍政権の、冷厳たる歴史的「使命」にほかならない。しかも、「憲法」を改悪して、世界に誇るべき平和国家日本をかなぐり捨てようとしている。

（2）大不況から「恐慌」へ

大不況対策の帰結

ほんらいであれば、衰退産業の退出・成長産業の育成を強制し、徹底的な歳出の削減をおこなったうえで、増税し、財政赤字を減らしていかなければならない。しばらくは、恐慌状態を甘受しなければならない。もちろん、国家財政を再建するには長い道を歩まねばならない。政治家は、庶民に痛みを強いても、100年先を見据えて政治をおこなわなければならないはずである。

ところが、安倍政権は、もっぱら日銀にマネー供給をさせて、円安にし、当初は公的資金を、その後は、やはり日銀資金を使って株価引き上げをおこなっている。

企業には、税金をまけてやるから、賃上げ、設備投資、料金引き下げを、と要求する。

オリンピック開催のために、すさまじい公共投資をおこなって景気のテコ入れをしつつある。景気がよくなるので、株価もまた上がる。安倍政権の内閣支持率は高いままなので、政治的・軍事的な野望をどんどん実現できる。「憲法」改悪で地球の裏側までの自衛隊（軍隊）の派遣をおこなうのだろうか。

2016年8月のリオ五輪の閉会式、わが宰相がスーパーマリオに扮して登場すると内閣支持率が急上昇する日本の怪！

こうして、安倍氏は、長期政権を維持して、ついに2020年東京五輪・パラリンピックの開会式で総理大臣としてあいさつする栄誉に輝き、オリンピックを仕切る。これが、安倍氏の歴史的な

「名」宰相としての「花道」となるだろう。

株価と国債価格の暴落

オリンピックが終わると、深刻な景気後退に見舞われる可能性が高いからである。オリンピック公共投資が終結するからである。訪日客も激減する。かくして、それまでの諸矛盾が一気に噴き出す。もちろん、その前に株価が下落しているはずである。安倍政権のもとで、公的資金による仮需要で株価を強引に引き上げてきたが、マーケットは諸矛盾の爆発を見越して反転するからである。公的資金の買い余力も、だいぶ前になくなっている。

外国人投資家（外資）も、日本の株式市場はもちろん、土地投機からすでに撤退しているはずである。オリンピックが終われば、地価が下落するのは自明だからである。

とうぜんながら、GPIF、三共済、ゆうちょ銀行・かんぽ生命、日銀に膨大な損失が出る。とくに、GPIFに膨大な損失が発生し、年金の給付も減額されるであろう。被害を受けるのは、営々と年金保険料を支払ってきたひとびとである。

おそらく、オリンピックまでに、政府債務残高は、1200兆～1300兆円という天文学的規模に膨れ上がるだろう。安倍氏の目標、GDP600兆円を実現しているはずであるが、それでも対GDP比で200％を超えている。インフレが高進していない限りのことであるが。

格付け機関は、日本国債の格付けを途上国並みか、ジャンク債と同等に下げているかもしれない。

外国人投資家は、保有国債が暴落するまえ、とうの昔に売り抜けているはずである。持ち続けるようなマヌケな外資はいない。

メガバンクを始めとする銀行などの金融機関はすでに、国債の保有比率を最低限にまで減らしつつある。そうしないと、意図的に金融機関に損失を与えたとして、株主代表訴訟を提起されてしまうからである。メガバンクなどの大手銀行は、国債を売り抜けて、アジア投資にシフトしている。もちろん、ここで大損する可能性もあるが。

国債暴落によって、もっぱら国債を高値で購入してきた日銀が膨大な損失を被る。マイナス金利付き・長短金利操作付き・量的・質的金融緩和というメチャクチャな異次元緩和をおこなって、２％のインフレ目標達成にこだわり続けた冷厳なる帰結である。

もしも、日本銀行だけが、政府発行の無利子（マイナス金利）永久国債を保有していれば、日銀が売るはずもない、というより買い手はいないので価格が下落することはない。その限りでは、日銀に損失は発生しない。

ところが、日銀による無利子永久国債の膨大な買い入れ資金が、政府を通じて、マーケットに流れ込む。返済不要の日銀マネーの大量供給によって、景気はよくなるであろうが、供給過剰によって日銀券の価値が低下する。こうして、日銀券の信認がなくなって、インフレが高進するだろう。

企業倒産の激増

オリンピック恐慌に日本の大企業はもろいはずである。平成大不況に突入してから、政府の庇護のもとに生き延びてきた大企業が多いし、安倍政権下では、減税とか規制などで甘やかされてきたからである。

賃上げや設備投資や料金引き下げなど、安倍政権の企業経営の介入政策になれきった大企業は、不況になっても救済してくれるはずだとタカをくくってきたようにみえる。

多くの大企業は、熾烈な競争をくぐり抜けてきたわけではない。オリンピック恐慌が勃発すれば、このような大企業はひとたまりもない。とくに、国内展開だけをしている企業や衰退産業企業などはそうである。

だが、日本政府を信用せず、国境を越えて業務を展開している大企業は、生き残ることができるだろう。国際市場で熾烈な競争を展開しているからである。しかも、ほとんど外貨で営業しているので、国際展開企業は、日本のインフレの高進にはほとんど影響を受けることはない。

だが、アジア市場で排除され、東南アジア諸国連合（ＡＳＥＡＮ《アセアン》）などで業務展開できないとなれば、大企業とて、生き残ることはそれほどかんたんなことではない。

（3）財政危機が財政危機を「克服」？

日本だけでインフレの高進

日銀券の価値が低下すると円安が進む。アメリカやユーロを導入した国からなるユーロ圏で、インフレが高進していなければ、ドルやユーロに対して、円が減価するからである。もしも、アメリカやユーロ圏でも同時にインフレが高進すれば、少なくとも円安になることはない。だが、日本だけでインフレが進むと、さらに円安になる。

これまでのアメリカやユーロ圏では、強烈な財政再建に取り組んできたので、健全経営に転換する可能性が高い。トランプ政権下のアメリカはよくわからないが。だから、ここでインフレが高進することはないだろう。とくに、ユーロ圏のドイツは、なんと財政黒字である。となれば、日米欧では、日本だけでインフレが高進する可能性が高くなる。

天文学的な財政赤字による財政危機で、日本国債の信認が地に落ちていけば、もっぱら日銀だけが国債を買い続けるしかない。メガバンクなどの銀行は、早いうちに売り抜けているはずである。そうしなければ、倒産してしまうからである。

ますます日銀券の価値が低下する。日本でインフレ高進のきっかけとなるのは、急激な円安の進行であろう。円安は、インフレ・ヘッジのために、日本の資金が急速に欧米、とりわけアメリカに逃避することで進むからである。

ところが、政府は、円安に歯止めをかけることはできない。円高に対抗するのは、円を売ればいいが、円安を阻止するには、ドルなどの外貨が必要だからである。しかしながら、１００兆円そこそこの外貨準備では焼け石に水である。しかも、安倍政権は一部を一般会計に流用している。だから、ほんらいであれば、海外への資金流出を禁止しなければならない。もちろん、経済の国際化がここまで進んでいる現在、そんなことは不可能である。

急激に資金が海外に逃避するということは、円を売ってドルを買うということである。円安は、１ドル１５０円、２００円、２５０円と激しくなっていく。

１ドル２００円になれば日本経済が復活するという意見もあるが、そんな生易しいものではない。輸入物価が２倍あまりになるということだからである。現在、新興国が利上げで対抗しているように、超円安というのは、インフレを激しいものにするだけなのである。

財政危機の「克服」

もちろん、消費者物価がはね上がるので、モノが売れなくなる。コストがはね上がるのに売れなくなるので、中小企業や不良企業からバタバタ倒産していく。いよいよ安倍恐慌（オリンピック恐慌）の勃発である。

政府は、連鎖倒産をなんとしても食い止めるために、公共投資（公共事業）など財政出動をおこなわざるをえない。資金はもっぱら国債（おそらく無利子永久国債）の大増発で調達する。政府が増発した国債の買い手はもっぱら日銀である。

財政ファイナンスなどという「上等」なものでなくて、日銀は日銀券の「輪転機」と化す。こうしてインフレが高進する。

日銀が国債引受機関となるので長期金利は低いまま、短期金利もゼロ近辺である。ようは、国債市場でも、短期金融市場でも、日銀が唯一の資金の出し手になるしかない。日銀の「最後のマーケット維持機能」のフル出動である。こうして、マーケットは機能停止に陥る。

ほんらいであれば、財政赤字が膨れ上がると、ギリシャのように、それ以上の借金ができなくなる。とうぜんのごとく、歳出を減らさなければならない。ところが、日本は、GDPの2倍以上の借金をしても、まだ大丈夫とばかり、オリンピック成功のため、ひたすら借金を続けている。どこまで借金しても、返済する必要はないかのごとくに。無利子永久国債の発行はその極致である。

庶民の貯蓄の国家による収奪

こうして、日本は、克服不能の財政危機に陥る。大企業や銀行は、資金を海外に逃避させるとか、物価連動債や土地や金などを購入し、きたるべきインフレにそなえる。大金持ちなどの富裕層も、同じようにインフレに対処すべく、インフレに強いといわれる株式や土地や金などを購入する。

一方、庶民は、預貯金を銀行やゆうちょ銀行に預けたままである。９００兆円あまりの預貯金が国内に眠ったままである。インフレの高進でこの預貯金がパーになる。これが、「合法的」な「預金封鎖」ないし「インフレ課税」である。

国債も紙屑になる。ほとんどの期限付き国債を購入している日銀に膨大な損失が出て、倒産の危機が迫る。無利子永久国債の代り金として、日銀が政府に膨大な資金を供給していれば、それだけでインフレを高進させる。

インフレの高進は、預貯金者や国債・社債保有者から、国債を発行して借金している国家、銀行融資や社債発行で借金している企業に所得を移転させる。ようは、国も企業も借金の「合法的踏み倒し」ができるということである。

こうして、「財政危機が財政危機を克服」するという禅問答の世界が現実化する。

それは、爪に火をともすように蓄えてきた庶民の貯蓄の国家による収奪であり、庶民の生活破壊をもたらして終結する。すなわち、安倍政権による平成大不況の「グロテスク」な終息である。

2　定常型社会へ

(1) 停止状態と定常状態

定常状態とは

工業は、農業と違って、技術革新によって生産性が向上するので、収穫逓減の原理は働かない。したがって、工業生産性が上昇することで業務が拡大し、賃金も上昇し、食料需要が増加することで土地需要も増えて、地代が上がる。

そうすると、資本家は、労働者や地主に支払う費用が増えて、利潤が低下していき、ついには、工業でも停止状態にいたる（小田中直樹『ライブ・経済学の歴史』勁草書房、２００３年）。
ジョン・スチュアート・ミル（１８０６〜１８７３）は、『経済学原理（四）第四篇』（末永茂喜訳、岩波書店、１９６１年）、において、資本主義経済は、いずれ農業と工業において成長が止まる停止状態（定常状態—stationary state）にいたると主張する。その考え方をみてみよう。

人口の増加は、農業生産物に対する需要の増加を意味する。この需要は、産業上の改良がおこなわれない場合には、より劣等な土地を耕作するか、あるいは、従来からすでに耕作されている土地を入念に、より多くの費用をかけて耕作するかして、生産費を増大させることによってのみ満たすことができる。したがって、労働者の生計を維持する費用は増大する。そして、労働者が生活水準の低下に甘んずるのでなければ、利潤は低下せざるをえない。

国内農業の技術進歩と外国からの農産物輸入がなされず、人口が１日１０００人の割合で増加すれば、すべての未墾地が耕作されることになり、食料の生産費と価格は著しく騰貴する。その結果、もし労働者がその増大した経費を償うのに必要なだけの増大した貨幣賃金を受け取るとすれば、利潤はたちまちのうちに最低限の水準まで低下するであろう。労働者は、生活水準の低下にたえられる余裕がないので、その後の資本の増加は、さしあたり一切停止してしまうであろう。

かくして、ある国がその知識の現状をもって、その国の実際上の蓄積欲の平均的な強さに照応するだけの生産をおこない、収穫量を上げているばあい、その国は、「定常状態にある」というのである（同前訳『経済学原理（一）第一篇』岩波書店、1969年）。

定常状態の評価

ミルは、同書『第四篇』では、定常（定止）状態を悲観的にかんがえることはなかった。むしろ、積極的に評価している。

ミルによれば、定常状態というのは、資本、富、人口が増大傾向をみせず、同一のレベルを維持する状態のことであるが、これはいわゆる停止状態ではなく、「だれも貧しいものがおらず、そのため何びともももっと富裕になりたいと思わず、また（自分だけが）抜け駆けしようとする」ひともいない状態である。

ミルはデヴィッド・リカード（1772～1823）のように、自由貿易によって、食料価格の低下をはかれば、停止状態に陥らないですむとはかんがえなかった。むしろ、停止状態こそが好ましいものであるとまで評価する。というのは、生産の法則はなかなか変更できないが、分配を改善することによって人間の進歩が可能となるからである。

この停止状態は、たんなる資本蓄積や工業・農業生産の停止ではなく、むしろ人間の進歩の萌芽を内包しているものなので、定常状態と呼ばれる。

（2） 生産と分配

ミルは、『経済学原理（二） 第二編』（同前訳、岩波書店、１９６０年）において、生産と分配の違いについて、次のように述べている。

富の生産に関する法則や条件は、物理的真理の性格をもち、そこには、人間の意のままに動かしうるものは何もない。人間が生産するものは、いずれも外物の構性と人間自身の肉体的・精神的な構造の内在的諸性質とによって定められた方法により、また、そのような条件のもとに生産されなければならない。生産量は、人間がもっている先行的蓄積の分量によって制限され、人間のエネルギー、技能、機械の完成度、協業の利益の利用方法の後列に比例する。

ところが、富の分配の場合にはそうではない。それは、もっぱら人為制度上の問題であり、ひとたびものが存在するようになったならば、人間は、個人的にも集団的にも、それを思うままに処分することができる。すなわち、富の分配は、社会の法律と慣習とによって定められるのである。

ミルは、経済学者が取り扱うべき主な主題は、私有財産制と個人の競争とに基づく社会の存続発展の諸条件ということであり、主な目標は、人間の進歩の現段階において、私有財産制を転覆せずに、それを改良して、この制度の恩恵に、社会の全員を十分にあずからせることであるという。

3　成長経済の限界

(1) 成長の経済学の止揚

資本主義は、機械制大工業によって、生産性を質的に向上させ、工業国のひとびとを「飢餓」から最終的に解放した。したがって、ひとびとは、「明日は今日よりも物的に豊かでなければならない」という「脅迫観念」にさいなまれて、ひたすら経済成長を求め続けてきた。

その背後には、物的な豊かさが人間の「幸福」の大前提だという固い信念がある。

その結果、20世紀末から21世紀にかけて、**地球環境が絶望的に破壊された**。地球温暖化が急速に進み、異常気象が頻発している。深刻なことは、頻発するので、**異常気象ではなくなってきている**ことである。

大気と河川・海、地下水が汚染されることで、人間が深刻な健康被害を受けるだけでなく、人間そのものが動植物に甚大な被害を及ぼしている。こうしたなかで、ようやく環境経済学などの研究分野が登場した。

だが、残念ながら、そのほとんどは、現在のひとびとの生活水準を低下させないで地球環境と共存できるような持続可能な経済システムをどのように構築していくかという、両立不可能なものを両立させようとするものである。

というのは、環境経済学の拠って立つ経済学的基盤であるケインズ経済学、反ケインズ経済学もともに、「明日は今日よりも物的に豊かでなければならない」という成長経済学を基本にしているからである。マルクス経済学ですら労働者は、物的に豊かにならなければならないとして、大企業だけを豊かにしようとする経済政策運営をきびしく批判してきた。

(2) 人間は地球の「間借り人」

21世紀に突入した現在、経済学にきびしく問われていることは、ひとつは、人類が登場してから100万年にもなるが、どうしてわずか100年たらずで地球環境をかくも絶望的に破壊してしまったかという制度的要因を徹底的に解明することである。

もうひとつは、人類が地球環境・生きとし生けるものと共生できるような明確なシナリオを構築できるかということである。

地球環境破壊の最大の要因は、あくなき利潤追求という資本主義的蓄積様式を大前提として、20世紀に独占資本主義の段階にいたって世界戦争が頻発したことで、国家の総力を挙げて科学・技術開発がおこなわれたことにある。

科学・技術の「発展」によって工業生産性だけでなく農業生産性も著しく上昇するとともに、大量生産・大量消費・大量廃棄システムがフル稼働することで、資源の浪費と産業・生活廃棄物が膨大な規模に達したことによるものである。

工業製品や農産物が大量に生産され、大量に消費されればされるほど経済が成長するという必然的帰結にほかならない。

かりに、地球上に動植物が存在せず、開発途上国のひとびともおらず、工業国の市民だけが生活しているというのであれば、この深刻な事態は、工業国市民の自業自得ですまされるかもしれない。しかし、そうはいかないところに事態の深刻さがある。

人間は地球の「間借り人」なのに、「家主」と誤解したことに事態の深刻さがある。

あとがき

アメリカの「政変」

２０１７年1月20日、アメリカでほとんどのひとが予想もしなかったトランプ大統領が誕生した。世界中のひとびとが、アメリカは何処にいくのかと不安にかられている。

トランプ氏は「アメリカ・ファースト」を掲げて、ＴＰＰの破棄、金融規制の緩和、メキシコ国境への壁建設などの大統領令に署名した。とくに混乱をもたらしたのが、移民・難民と中東・アフリカ7カ国のひとびとのアメリカへの一時入国禁止の大統領令である。少なからぬひとびとがアメリカへの入国を阻止され、同大統領令の違憲訴訟などが提起された。連邦地裁・控訴裁判所が大統領令差し止めを決定し、しばし入国が認められた。

貿易については多国間協定ではなく二国間で交渉し、アメリカに有利なようにもっていく。メキシコからの不法移民を入国させないために国境に壁を建設し、費用をメキシコに支払わせるという。アメリカでの雇用を守るために、アメリカを見捨ててメキシコに工場建設をすれば、製品をメキシコから輸入するときに高額の関税をかけるという。そうしたら、名だたる自動車会社がアメリカに工場を建設すると大統領の軍門に下った。

トランプ氏は、アメリカの巨額の貿易赤字に我慢ができないようである。日本は、何十万台の自動車をアメリカに売っているのに、関税をかけてアメリカ車を買わないという。そして、大統領みずから、日本は円安誘導の為替政策をとってきたと発言する。大統領が為替相場に言及するなど異例である。

だが、トランプ氏がどれだけ声高に叫んでも対日赤字は減らない。問題は、関税をかけてもいないのにアメリカ車が日本でほとんど売れないことだからである。ベンツやＢＭＷなど欧州車は売れているのに。アメリカは、日本で売れる自動車を作っていないだけのことである。

トランプ氏は、重商主義・保護主義に凝り固まり、輸出を増やして輸入を減らし、貿易黒字を貯め込めば国は豊かになると信じている。富は貿易黒字ではなく労働だと、アダム・スミスが重商主義をきびしく批判し、それぞれの国がその国で最も生産性の高い財の生産に特化して輸出すれば、貿易でそれぞれの国が豊かになることをリカードがあきらかにした。

たしかに、グローバル化は行き過ぎた面があったが、世界の経済格差がほんの少しではあるが縮まってきたこともまた事実である。ただし、アメリカではかなり広がったのだが。

保護主義は歴史的に破綻している。「アメリカ・ファースト」ということは、他国は第二以下ということである。自国通貨安誘導がＩＭＦ協定で禁止されているのは、それが輸出ばかりして輸入しない近隣窮乏化政策だからである。アメリカが関税をかければ、相手国も関税をかけるし、各国が為替安競争にはしることになる。これは、1929年世界恐慌後に各国がおこなったことであって、帰結は世界戦争にほかならなかった。

トランプ政権は、2017年3月16日に18会計年度の予算方針を発表した。

ここで、国防費の増額やメキシコ国境の壁の建設費用などを盛り込む半面で、地球温暖化対策や海外援助を中心に非国防費の大幅削減を提案した。アメリカさえよければいい、アメリカ人さえ快適な生活ができればいいということなのであろう。

定常型社会をめざす

トランプ政権の誕生は、世界の政治・経済の構造が大きく変わったということの反映であるとかんがえられるので、日本は、長期的な戦略に基づいて行動していかなければならない。日本は、世界平和と政治・経済の国際協調を進めながら、健全財政と地球環境保全・内需拡大型経済システムを構築し、定常型社会をめざしていくのがよいのではなかろうか。

その大前提は、現行『日本国憲法』第9条を堅持し、これからも平和国家として生き、世界平和の構築に貢献していくということである。言論の自由・知る権利などを阻害する「特定秘密保護法」の廃止、共謀罪の法制化阻止が絶対不可欠である。

政府は、デフレ脱却とオリンピック成功を大義名分とする膨大な公共事業によって、高株価と景気の高揚をはかるはずである。しかも不幸なことに、膨大な財政赤字を抱えているにもかかわらず、日本銀行が超低金利（マイナス）・長期金利操作政策をとっているので、政府はほぼゼロ金利で、なんの憂いもなく膨大な資金を調達することができる。

今のままではオリンピック終了後、深刻なインフレに見舞われる可能性が高い。オリンピックは最大限質素にし、財政赤字削減に大ナタを振るわなければならない。一律課税をおこなうと消費が減退するので、金持ちと大企業からより多くの税金を徴収したほうがよい。低所得者・年金生活者は、所得が増えるとすべてを消費にまわすからである。

財政赤字が膨れ上がると、ひとびとは、将来の増税を予測して現在の消費を減らす。だから景気が停滞する。消費が増えれば経済は成長する。ただ、消費拡大はかならずしも推奨されない。消費はあくまでも、地球環境に配慮したものでなければならないからである。

日本はJ・S・ミルのいうように、貧しいひとがおらず、誰も金持ちになりたいとおもわない定常型社会をめざしていくのがいい。すなわち、生産性の高い生産システムを維持したうえで、分配システムを変えるということである。現在では、日本のGDPに対する輸出依存度はさほど高くはないので、内需の拡大をおこなうということである。

地球環境保全型経済システムへの大転換、健全財政、賃金引き上げ・労働条件の向上、農業保護と食糧自給、食の安全の確保、経済・地域格差の是正、6週間の有給休暇の確実な取得、保育園・幼稚園から大学院博士後期課程までの教育の無償化、福祉・年金制度の充実、ベーシックインカム（すべての高齢者への資金支給）の導入、高齢者医療の無料化などを実現すれば、日本で定常型社会を実現することも夢ではない。

【著者紹介】

相沢幸悦（あいざわ　こうえつ）

現職　埼玉学園大学経済経営学部教授、川口短期大学ビジネス実務学科客員教授

慶應義塾大学大学院経済学研究科博士後期課程修了、経済学博士

【主著】

『品位ある資本主義』平凡社新書、2006年

『平成金融恐慌史』ミネルヴァ書房、2006年

『品位ある日本資本主義への道』ミネルヴァ書房、2010年

『日本銀行論』ＮＨＫブックス、2013年

『環境と人間のための経済学』ミネルヴァ書房、2013年

『憲法劣化の不経済学』日本経済評論社、2015年

『日本銀行の敗北』日本経済評論社、2016年

その他多数

「アベノミクス」の正体――政治の手段に貶められた日本経済

2017年5月1日　第1刷発行　定価（本体2000円＋税）

著　者　相　沢　幸　悦

発行者　柿　﨑　均

発行所　株式会社日本経済評論社

〒101-0051　東京都千代田区神田神保町3-2

電話 03-3230-1661　FAX 03-3265-2993

URL：http://www.nikkeihyo.co.jp/

印刷＊藤原印刷／製本＊誠製本

装幀＊渡辺美知子

ISBN978-4-8188-2457-7　C0033　乱丁・落丁本はお取り替えいたします。